广 雅

聚 焦 文 化 普 及 , 传 递 人 文 新 知

广　大　而　精　微

施暴者心理

THE MINDS OF VIOLENT MEN

〔以〕亚尔·阿普特（Yair Apter）——著

余莉——译

GUANGXI NORMAL UNIVERSITY PRESS
广西师范大学出版社

·桂林·

施暴者心理

SHIBAOZHE XINLI

The Minds of Violent Men

The simplified Chinese translation rights arranged through Rightol Media（本书中文简体版权经由锐拓传媒取得 Email:copyright@rightol.com）

著作权合同登记号桂图登字：20-2023-200 号

图书在版编目（CIP）数据

施暴者心理 / （以）亚尔·阿普特著 ; 余莉译. --
桂林：广西师范大学出版社，2024.1
ISBN 978-7-5598-6551-9

Ⅰ. ①施… Ⅱ. ①亚… ②余… Ⅲ. ①家庭问题—
暴力—研究 Ⅳ. ①C913.11

中国国家版本馆 CIP 数据核字（2023）第 219478 号

广西师范大学出版社出版发行

（广西桂林市五里店路 9 号 邮政编码：541004）
（网址：http://www.bbtpress.com）

出版人：黄轩庄

全国新华书店经销

桂林广大文化发展有限责任公司印刷

（广西桂林市中华路 22 号 邮政编码：541001）

开本：880 mm × 1 240 mm 1/32

印张：8.5 字数：200 千

2024 年 1 月第 1 版 2024 年 1 月第 1 次印刷

定价：68.00 元

如发现印装质量问题，影响阅读，请与出版社发行部门联系调换。

献给我的母亲，
我亲爱的家人，
我的妻子和孩子们

前　言

　　1995 年 11 月,以色列总理伊扎克·拉宾(Yitzhak Rabin)遇刺身亡,那时我 20 多岁,还是一名年轻的社会工作者,和大多数以色列人一样,我倍感痛苦与震惊。那次事件之后,我感觉自己有义务采取行动,为促进以色列社会中不同人之间的相互尊重贡献自己的一份力量。于是几个月后,我加入了一场防止暴力侵害女性的运动。参加这场运动,获得了一种观念,这种观念伴随我至今:反对暴力行为,支持相互尊重——一种认同男女平等和相互尊重的女性主义观念。参加这场运动期间,我被邀请成为特拉维夫格里克曼-纳马特中心(Tel Aviv Glikman-Naamat Center,一个暴力治疗和预防中心)的治疗师,负责预防家庭暴力和治疗有过暴力行为的男性。加入该中心后,我就开始一对一地接触在亲密关系中有过暴力行

i

为的施暴者。从 1997 年开始为这个治疗中心提供服务,直到 2020 年该中心解散,算起来,我负责的治疗小组已有 23 年。这本书也是在此之后写的,写这本书的目的是记录下这些年的经验和感悟。

在此工作期间,我每周三晚七点到中心,给小组 8 个成员或治疗对象上课。每次课一开始,大家会进行一轮分享,随后由一位成员提出疑问、发表观点或分享他正面临的问题。小组其他成员或相互理解、达成共识,或提出反对意见,有时候甚至相互对抗。多年以来,加入小组的男性已多达数百人,他们的情况各有不同:有的很矛盾,有的自以为无所不知,有的喜欢反对别人。他们之中有负责任的家长,也有叛逆的孩子;有的好奇心重,有的安静,有的腼腆,有的易怒;有的不被理解,有的擅长表演,有的多愁善感;有的理智,有的冲动。我就像一支乐队的指挥,乐队的每个成员都参与了演出,我们共同创作了一个作品,包括面对和处理他们的生活困境、压力困境、暴力行为、私密问题、父亲身份、情绪的自我调节和创伤经历等。我所用的方法是开放式的:每个人在不同的时间点加入,然后大家一起走向终点——离开小组。而在封闭式小组中,所有的参与者都是同时加入、同时离开。开放式小组中,参与者们有来有走,我却一直都在。

1986 年特拉维夫格里克曼-纳马特中心成立了第一个治疗小组,11 年后,我所服务的小组成立了。同一时期,该中心还有由另一位治疗师带领的一个治疗小组，以及其他类型的治疗小组。这些小组的治疗对象大都是迫于执法部门的压力或因另一半的起诉而加入的；也有少部分是因面临离婚威胁而加入的；还有更少一部分人是因为意识到了自己的愤怒和暴力而主动寻求帮助。他们大多数人的目的是通过参加这个小组获得认可，从而"逃过"诉讼程序。而对于大多数他们的伴侣来说，他们去寻求帮助，让她们又燃起了希望——希望他们之间的关系变得更好，变得相互尊重，不再有暴力。

来到这里以后，大多数人会对自己曾有过暴力行为而觉得羞愧，并且对于参加治疗的态度很矛盾。通过治疗，有的人摒除了暴力行为，有的人尽量减少暴力行为；而有的人因被责备而生气，因为他们觉得自己才是受害者；有的人则愿意为伤害他人的行为承担全部责任。加入小组的这些人，他们的暴力行为和愤怒程度都不严重。他们大多数人此前还过着正常生活，并且和伴侣在一起。也有一些已经离婚的，有的后来又找了伴侣，有的独自生活。那些经感化服务中心认定会对伴侣造成伤害的"高危人群"，以及因严重暴力行为而被捕的人，大都被拘留或定罪入狱，因此他们是在感化服务中心和监狱接受治疗。加入此中心治疗小组的这些男性，他们的一个普遍特征是，因为和伴侣之间的关系危机上升到了暴力层面，所以才加入治疗小组。

在过去的 50 年里，家暴问题一直是公众讨论的核心。那些一度被认为是"个人行为"的行为,如今已进入媒体、社会、心理学界和法律界的讨论范畴。鉴于家暴现象和问题的曝光,及其普遍程度和产生的严重反响,国家层面的干预也在增加,试图利用执法体系和特定的家暴治疗方案来防止家暴行为。[谢尔曼(Sherman)等人,2015]

作为纳马特中心和赫兹利亚社会服务部门的一部分,以色列的第一批针对亲密关系中男性施暴者的治疗小组成立于1986年。自那以后,又成立了一百多个家暴治疗和预防中心。地方政府也为这些男性提供治疗和住所,监狱管理局和感化中心甚至设立了治疗部门,提供群体治疗。此外,一些心理健康专家也愿意为他们提供对策。

尽管有诸多选择,大多数施暴者仍然没有获得以上服务。因为大多数施暴者很难求助于专业的心理援助[沃格尔、韦德和哈克勒(Vogel,Wade and Hackler),2007],他们甚至倾向于排斥心理援助[阿迪斯(Addis)和马哈里克(Mahalik),2003]。那些寻求心理援助的男性往往都出于一些外部原因。在关于因情绪困扰而寻求心理援助的内在因素和外界因素的调查中发现,96%的受访者称他们之所以寻求帮助,是因为外界的鼓舞或介入[库萨克(Cusack)等人,2004]。碍于羞耻心和面子,又害怕牵涉法律和社会福利等问题,在家暴问题出现后寻求帮助就更加困难了。

那些加入特拉维夫格里克曼-纳马特中心的男性也是如

此。他们中的许多人也对心理治疗持怀疑态度。他们不明白自己为什么需要专业的心理援助:本来谋生已不易,还要通过治疗增加生活压力。因此,每周参加一次治疗小组对他们来说很困难,甚至是一种负担。尽管如此,参与者们这些年也收获了许多。对有的人来说,这是一个让他们有归属感的地方;对另一些人来说,这里是学习的地方;有的人说,来到这里,他们第一次在跟别人谈话中打破了沉默的僵局;还有的人觉得这里是一个充满爱的地方。总之,对大多数人而言,来这里确实让他们有所改变和得到了帮助。每当有新人加入的时候,我都会告诉他"我会陪着你",并且说到做到。这些年来,我发现自己一直致力于创造一种让参与者感觉被关爱和被需要的小组氛围:这是一个他们想来的地方,在这里,他们即便感到羞耻和恐惧(害怕被评判和羞辱),也会被接受。随着时间的流逝,我形成了这样的观点:参与者越优秀,他们身边的人也会变得越优秀。

尽管如此,在亲密关系中男性施暴者的治疗上,仍会面临诸多问题。一些参与者并没有把治疗落到实处,他们不愿把想要治疗的问题描述清楚。另一些人还在考虑是否参与治疗。还有一些人,不愿为自己的暴力行为负责。许多人因为羞耻、尴尬、害怕被谴责,以及不愿揭露自己灵魂深处的脆弱情感等,很难进入角色。他们面对治疗师时的困难,对我们这些帮助他们的人来说也是一大挑战。尽管如此,主持治疗小组 23 年,对我来说是一次绝妙的经历,它教会我识别暴力行为,让我认识到亲密关系的本质和健康关系的本质。通过这些人,我了解到了许多关于男子气概和父亲身份的模糊观点,认识到了暴力的破坏性,以及暴力行为如何实现代际传递。我也了解到一些普遍的情感,和男性的一些独特而复杂的情感,了解了什么是相互依赖和控制,明白我们有义务给予受伤一方同情与关爱。然而,最重要的是我学到了一些适用范围广的创造性的方法,来帮助施暴者获得改变。

本书延续了社会工作领域所谓"实践性智慧"(wisdom of practice)的传统,反映了多学科融合。因此,本书写给精神卫生和公共卫生行业从业者,特别是那些为处于暴力循环之中的男女提供专业援助的人。此外,对于那些致力于消除家暴现象和所有想更好地了解施暴者心理世界的人,这本书也可以作为一本指南。

基于这些年与数百名施暴者打交道的经验,我在本书中给你一些有效的方法,用以帮助施暴者作出改变。本书的观点源自我作为男性治疗小组的推动者和家暴专业治疗师的经验。与那些敢于面对生活现实、参与治疗的男性接触,让我有机会深入他们的内心,在他们面临危机的时候同他们在一起,从而帮他们渡过难关。与那些遭受暴力的女性,尤其是一些正在参与治疗的男性的伴侣们接触,加深了我对暴力演变和受害者体验的了解,也让我掌握了更多促进或阻碍变化过程的方法。此外,本书还提供了过去十几年来在亲密关系暴力、家庭暴力、暴力动态等方面的专业知识,和对施暴者,特别是亲密关系中的男性施暴者进行有效干预的方法。

本书第一章我们将了解施暴者实施暴力行为的原因。但是它不对暴力行为本身进行解释,因为不管作何解释——即便是出于同情,都有将其泛化或解释不准确的风险。但是,掌握暴力行为的动机依然很重要:第一,可以帮助遭受或可能遭受暴力的女性学会保护自己;第二,帮助男性了解他们自己和导致他们暴力行为的动机;第三,帮助专业人员了解这一问题的复杂性,以便为每个客户量身定制治疗方案。因此,本书并没有通过理论范式和模式来解释暴力,而是提炼了我在长期与施暴者打交道之后总结出来的导致暴力行为的九大原因。本书以穿插案例的方法来探讨这些原因,以便于读者理解这些暴力行为的动机。这种方法并不对现象和问题加以解释。一个人一生中会发生许许多多的事,通过这些事,可以描绘出人及其与周围环境的关系。这九大原因具体为:习得性行为、童年和成年创伤、控制欲和报复欲、自卑、冲突和关系升级管理失控、亲密关系中的男权主义观点、亲密关系中的威胁感、抑郁、自我防御。

第二章将讨论雷诺尔·沃克(Lenore Walker)提出的"暴力循环"的适用方面,主要讨论那些最终升级成暴力行为的情感问题。沃克认为,每一段男女关系,都有紧张的时候。在存在暴力的关系中,往往有一个循环的动态:暴力行为导致关系逐渐紧张后,施暴者的暴力行为会增强其愧疚和悔恨感,让他更想去补偿和乞求原谅;但由于冲突并未得到解决,两人也没有认真分析导致他们关系紧张的原因,所以这个过程会不断循环;于是,两人的关系会再度变得紧张,一方再次通过暴力行为释放这种紧张,然后再次道歉并试图弥补。"暴力循环"理论至今仍被视为描述亲密关系中暴力行为演变的理论基础,并极大地影响着人们对暴力行为的看法和暴力治疗与预防中心的治疗。本章将会展示"暴力循环"以及它在群体治疗中的运用。此外,本章还会从批判性的角度探讨如何通过"暴力循环"了解亲密关系中的暴力行为。

第三章主要描写那些参加群体治疗的男性。群体治疗是治疗男性施暴者的常用模式,具有很多优势。对于这些治疗对象来说,小组是他们熟悉的环境,他们可以通过与其他成员的互动来发现问题、学习和进步。参与者可以从其他成员的经验中了解到一些情境、模式和应对方法,还能获得一些处理困境的办法。此外,其他男性的存在可以让他们从面临相似问题的人那里得到反馈、获得支持和产生归属感。本章将会讨论同性治疗小组的特点,以及治疗对象在熟悉的环境中获得归属感对治疗的影响。另外,本章还会涉及小组中存在的"恐同现象"及其对小组关系变化的影响。同时,本章也会讨论治疗小组中男性之间信任的复杂性,在小组中进行自我坦露的困难，以及他们不肯面对自身弱点而防御性地为自己辩解和想要掌控形势的强烈意愿。而且，本章会讨论开放式小组的优缺点，将心理动力学（psyco-dynamic）干预方法同心理教育方法相结合的重要性，在治疗小组内提供意见、给出建议时的注意事项，以及在进行对施暴者的干预中，攻击性和关爱所具有的独特意义。

第四章主要讨论那些寻求专业心理帮助的男性的动机和矛盾心理，及其对于治疗的影响。这些男性很难认同"施暴者"这一标签，对他们而言，这是在报纸上才会看到的表述。他们难以接受被迫治疗的事实，而且很难将惩罚与治疗区分开来。他们还会遇到一些障碍，比如因为觉得心理治疗是件丢脸的事，所以不想揭露自己的秘密，也不相信自己能改变，还有涉及社会福利方面的问题。本章将讨论这些问题给群体治疗带来的挑战，以及增强治疗动机的方法。本章的最后一部分将会讨论创建一个治疗联盟的重要性和复杂性，及其对于一个开放式小组的独特意义，尤其是在小组中有一些充满矛盾的参与者——不确定自己是否在特定时间需要帮助的情况下。最后，为促成改变，本章还提供了加强治疗师与小组之间联系的方法。

我们将在第五章讨论这样一种认识：如果施暴者不愿为自己的暴力行为承担责任，我们就无法帮助他改变暴力行为。然而，由于亲密关系中暴力行为的复杂性，有必要弄清楚这些人对其暴力行为承担的责任比重，而不是简单地将责任一分为二（男性施暴者与女性受害者）。本章提出了亲密关系中暴力的责任模式，可以加深治疗对象对责任的理解，从而帮助其应对更广泛意义上的暴力行为。我们可以通过该模式中暴力事件发生的三个阶段——矛盾升级、爆发和消除痛苦，来划分暴力事件中每一方的责任；还可通过这一模式明确地区分行为、责任和导致暴力事件发展的因素，其中包括个人因素、社会观念因素、家庭因素和创伤等外部因素。

第六章讨论了愤怒、无助和控制之间的联系。要解决亲密关系中的暴力问题，我们需要研究施暴者的心理，了解引发他们实施暴力行为的情感机制，从而走进他们的内心世界。此外，为了解暴力行为的"作案方式"，我会在本章提出一种模式：统一整体和控制幻觉信念模式。

第七章介绍了共情的重要性，以及在治疗过程中无法实现共情的情况。虽然我们觉得很有必要为参与者营造一种共情的氛围，但是对我来说，要与那些承认对妇女儿童有过伤害行为但又对治疗表示抗拒和矛盾的男性产生共情，是一大挑战。因为这些复杂情况，我产生了批判心理，很难支持这些参与者。然而如果在治疗过程中，治疗对象没有感觉到被共情，那么，即使诊断和观点再准确，也无法取得治疗效果。本章会讨论在治疗施暴者的过程中"共情失败"的七种情况：个人痛苦和认同受害者，想要撇清自己和不认同施暴者，无助和失控,施暴者需要寻求受害者的保护,跨文化方面的障碍,治疗中法律上的反移情(Counter-transference)①相关的困难,以及大多数治疗对象同时正面临刑事诉讼。我将在后文提供有效应对这七种情况的方法。

第八章主要介绍在治疗过程中有助于取得治疗进展的五种方法。第一种是针对男性性别意识(强调男孩和成年男性之间独特的发展关联)、男性的痛苦和对女性的暴力的治疗。第二种使用强化意义感和认同个人优势的方法。具体而言,采用意义疗法和积极心理学相关的方法,促使男性对自己和周围的人产生积极的看法。第三种方法则是治疗师的自我坦露。我以身作则,鼓励参与者表达自己的情感和弱点。同时,这个方法也增强了治疗师和参与者的主体关联性。第四种方法是鼓励对抗,尤其是参与者之间的相互对抗。通过这个方法,我知道如何应对那些喜欢狡辩、试图否认暴力行为或最小化暴力行为影响的人。同时,参与者也可以通过对抗练习,学习如何避免将冲突升级成暴力行为。最后,我还用了比喻的方法,通过比喻把我的观点转化成能被他们接受的语言,传达给他们。

本书描述了我作为小组治疗师的个人经验,其中包括我

---

① 移情(Transference)是心理学上的一种常见心理现象,指求助者把对生活中某个人的情感、态度转移到咨询师身上的过程。与之相对的是反移情,则是指咨询师把对生活中某个人的情感、态度转移到求助者身上。——编者注

这些年来的一些感悟和观点。读者可以以此了解我这些年在治疗过程中遇到的困境，以及男性施暴者小组的治疗师兼引导者这一角色。除了我个人的经验，本书还提供了过去这些年参加该小组的治疗者的研究案例。不过为了保护隐私，所有的名字和个人细节均已修改。

过去这些年，每周一次的小组会议，对我来说意义重大，无论于我个人还是于我的专业，都有很大的促进作用。我一次又一次地回到那里，去解决问题。这些年的治疗师工作，我也有做得不对之处，也有过不堪重负和疲倦的时候。但是，我喜欢和那群需要理解、同情与陪伴的人在一起。他们也想被爱、受欢迎；他们也愿意倾听、倾诉，也想从错误中吸取教训；他们也向往更加平静和有尊严的生活。我并不轻易宽恕他们，甚至在必要的时候与他们对峙，但对我来说，充满共情的小组氛围更重要。除了对该领域的专业贡献，我希望本书能让人们感受到施暴者的情感世界——哪怕只是片刻，以及我在对他们进行治疗时的心情。

序　言

欧哈德·吉尔巴①

　　男性对伴侣施暴,给他们造成严重的身体、精神和心理伤害,这已然成为一种普遍现象。尽管人们对这一问题进行了深入研究,但至今仍没有找到一种解释,可以帮助理解和大幅减少这种现象。许多人尝试用一些理论模式来解释这一现象,而其中用得最多的是社会学习理论(Social Learning Theory)这一模式。根据这一模式,童年时期遭遇家暴和成年后在

---

① 欧哈德·吉尔巴(Ohad Gilbar)博士是以色列希伯来大学社会工作和社会福利学院高级讲师。在过去的十年里,他一直在以色列巴伊兰大学、美国波士顿大学和德克萨斯大学研究从创伤揭露的角度治疗家庭暴力关系中的男性。吉尔巴在国际期刊上发表数篇关于这个问题的文章,揭示了创伤、创伤后应激障碍(PTSD)和亲密关系暴力之间的联系。此外,他还在巴伊兰大学分校讲授关于家暴的课程。在过去的18年里,吉尔巴还将他的研究融入临床工作,治疗有暴力的男性和军队中创伤后应激障碍的受害者。

亲密关系中发生暴力行为之间是否有关联,取决于父母如何处理和解决关系中的冲突问题[奥利里(O'Leary),1998]。某些女性主义者认为,童年时期的社交让男孩们产生了性别歧视观念,这足以影响他们成年后建立的男女关系[多巴什(Dobash)等人,1979]。然而,人们基于这些模式进行研究,却发现了一些与之矛盾的东西,另外,这些研究几乎没有考虑到童年经历给这些男人造成的心理影响。事实上,许多基于女性主义理论而针对施暴者的干预措施,并不能大幅度地阻止家暴现象在世界范围内反复出现(陈等,2019)。根据最近对以色列过去十年来家庭状况相关的调查,以色列的家暴现象也没能得到减少(吉尔巴等人,2020)。

与此同时,研究人员最近开始将创伤模式作为了解亲密关系中暴力现象的主要模式。该模式基于以下假设:创伤事件造成的心理影响——比如创伤后应激障碍,会导致家暴[塔夫特(Taft)等人,2016]。尽管一些研究人员发现,施暴者童年时曾有过痛苦的经历,因而比其他人更容易受到威胁性和创伤事件的影响,但是该模式并没有正确评估童年时期经历的特殊痛苦对他们产生的具体影响。复杂型创伤后应激障碍已被列入世界卫生组织的精神病学诊断分类(国际疾病分类),作为对该类童年创伤和长期家暴创伤的回应(世卫组织,2018)。然而,创伤模式并没有基于男性的性别角色和社交背景,去评估这种独特的痛苦经历可能对他们产生的具体影响

[奥尼尔(O'Neal),2015]。最近,人们在针对以色列暴力治疗与预防中心接受治疗的男性进行的研究中发现了证据。这些证据表明:(1)那些经历过多次创伤事件(大多在童年时期)的人会感觉痛苦不堪(这些事件可能会引发复杂的创伤后应激障碍,甚至破坏身体机能和组织)(吉尔巴等人,2019);(2)而这种以无助和恐惧为特征的痛苦,可能导致一些包括支配他人在内的行为,比如我们前文所说的性别歧视行为(吉尔巴等人,2020);(3)童年创伤会加剧传统男性角色中的压抑感受(吉尔巴等人,2020)。

人们基于不断增长的关于创伤和暴力之间联系的理论知识,开发了一些以疗愈创伤为导向的治疗方案。按照治愈的最高标准,这些方案被证明是非常有效的。① 《沟通暴力:亲密伴侣暴力中的男性施暴者咨询》(*Men Communicating Violence: Counseling Male Perpetrators of Intimate Partner Violence*)一书揭示了男性过去经历的创伤如何映照到他们的心理世界,以及创伤事件给他们造成的痛苦如何变成某种独特的疼痛记忆。而本书将指导我们在干预期间,在专注于改变暴力行为的同时,如何通过施暴者与治疗师之间的关系,了解他们的创伤性痛苦。

---

① 这些方案包括:家庭力量疗法[Strength at Home,简称 SAH(塔夫特等人,2016)];接受与承诺疗法[Acceptance and Commitment Therapy,简称 ACT(扎林等人,2019)];辩证行为疗法(Dialectical Behavioral Therapy,简称 DBT)。

　　本书通过对近年来由以色列著名治疗师开展的群体治疗的综合描述，从专业的角度展现对有暴力行为的男性的治疗。通过这些描述，表明治疗亲密关系中的施暴者，需要从理论观点转到实践层面。此外，本书还综述了亲密关系中暴力的核心问题。在第一章中，基于暴力行为的主要理论进行了一系列阐释。在第五、六章，通过一种全新的视角，讨论了与暴力行为和施暴者的控制行为相关的核心问题。在过去，人们讨论暴力中的责任时，主要强调施暴者在终止暴力行为方面承担主要责任；而在本书中，阿普特将施暴者对暴力行为的责任与受害者在冲突过程中包括冲突升级和暴力发生的相对责任进行了区分。此外，关于控制欲——通常作为性别不平等的一定程度呈现，阿普特深化了对于控制行为在亲密关系互动中如何发生的理解。第二章中还有一个突出的例子，为了阻止暴力，阿普特尝试将暴力循环的动态过程放到亲密关系中的具体层面来分析。

　　临床和研究文献倾向于从单一视角呈现亲密关系暴力中的施暴者。本书的独特之处在于，它成功地呈现了亲密关系中暴力现象的复杂性，包括男性成为亲密关系受害者的许多情况。本书的重要性主要在于，它从共情的角度梳理了暴力这一现象及其原因，并加入了对应对这种现象的社会环境的讨论。除此之外，其独特的视角——一个治疗这一群体多年的治疗师的视角，这对了解这一群体尤为难得。尽管了解亲密关系中的暴力行为有重要意义,但在(以往的)研究文献中并没有足够的重视,讨论这个问题对于成功治疗上述人群至关重要。

本书也试图通过描述两类不同背景的男性——持传统观念的男性和持现代观念的男性相遇时的表现,呈现他们的不同经历和背后复杂独特的男性心理。具体来说,本书以一种有趣的方式邀请读者去了解那些因对伴侣施暴而接受治疗的男性的经历,以及他们的治疗师的经历。对于专业读者来说,这是一本有趣且有意义的书。它还能让普通读者从多种角度学习和了解亲密关系中的暴力现象及如何应对或治疗,以及一些治疗成功的例子。

目 录

i

第一章 亲密关系中的男性施暴者

我经常被问及为什么男性施暴者会对他们的伴侣施暴——但我没办法回答。在男女关系中，男人的暴力行为并不能归于单一的原因，这样想可谓荒谬。然而，任何暴力行为，都以控制欲作为基础。亲密关系中的暴力，可能是肢体暴力，也可能是为了控制伴侣而使用的其他手段。这些手段可能是言语上的、情感上的、经济上的、精神上的，也可能是性暴力。可能只实施言语暴力或情感暴力，也可能会将情感暴力升级为肢体暴力。即便没有上升到肢体暴力，言语暴力和情感暴力背后的动机也可能相同。此外，暴力的强度也可能因人而异。有的人实施暴力也许只是咒骂和大喊大叫，而有的人则会动刀动枪。无论怎样，使用暴力都是想要掌控或重新掌控另一方的手段。

早在 20 世纪 70 年代,在女权运动的影响下,人们就试图了解暴力行为的动机,研究者也曾试图解释这一现象。人们主要从两个方向去认识亲密关系中的暴力。第一个方向是"女性主义范式",它通常把亲密关系中的暴力称作"基于性别的暴力",并将其视为男权社会结构的一种表现形式,认为男性对女性施暴是为了维持社会结构中不平等的性别关系。根据这种观点,男性对妻子施加暴力的倾向和女性对丈夫施加暴力的倾向之间,存在数量和质量上的差异,这意味着暴力在本质上是不对等的[多巴什(Dobash),1998]。另一个方向是"家庭暴力研究员范式"[温斯托克(Weinstock),2012],把家庭暴力叫作"伴侣暴力",将其视为一种二元现象。根据这些研究人员的说法,亲密关系中的暴力在大多数情况下是相互的。根据这一范式——有研究数据支持[施特劳斯(Straus)等人,2006],在家庭关系中,男性和女性实施暴力的比率接近,所以本质上这两种暴力现象是"对称分布"的。

以色列的研究人员调查了一些因暴力行为而参与治疗的男性,主要了解了他们施暴的原因。根据他们的反馈,大致有三点原因:第一,责备受害者,他们把责任推到伴侣身上,声称是她们的言语和行为造成了暴力的结果;第二,展现权力和控制权,让对方感觉更加无助和比自己低一级;第三,代际传递[韦格南斯基(Vignanski)和帝莫(Timor),2014]。

有许多人对这一问题的原因展开了激烈的讨论,也有人试图从与那些施暴者的对话中找出原因。接触了成百上千名对伴侣有暴力行为的男性后,我明白了暴力发生的原因的范围比我们想象的更广。我曾遇到过一些连我都害怕并且不得不终止和他们见面的男性;也遇到过一些受过创伤的男性,他们的头脑中充斥着难以忍受的"噪音",要实施暴力才能平静;还有一些自称是"宇宙的主宰"的,而他们的伴侣却拒绝听他们的;也遇到过双方都在接受治疗时,妻子突然站起来打她的丈夫;还见过一些男性为了报复妻子而拒绝离婚的例子;还有一对夫妻,与我谈话时还互相谩骂,谈话结束后却又在花园里拥吻;也遇到过一些害怕与人建立亲密关系的人,他们用暴力来让伴侣远离自己;还有一些因为曾经被抛弃而脾气暴躁的人。

在了解男性暴力行为的原因时,我首先认识到亲密关系中的暴力是由多种原因引起的复杂现象［朗金里希森-罗林（Langhinrichsen-Rohling）等人,2012］。这就要求治疗师不能带着一些依赖于范式的假设去倾听他们,而应以理解为目的去倾听并和他们交谈。通过理解并对他们的情况做好分类,不仅有利于我们从社会层面上消除亲密关系中的暴力现象,也有利于施暴者的治疗。在了解了各种类型的暴力行为后,我们就能逐渐理解暴力行为的动机,从而帮助他们找到治疗方法,最重要的是帮助他们理顺自己的生活。

尤西(Yossi)参加这个小组已经三年了,他因为对伴侣实施言语和情感暴力而感到懊悔、沮丧。此外,他还按捺不住自己的脾气。进组大约六个月后,他请求私下见我。我同意了他的请求,因为我觉得群体治疗很难帮到他。于是,我们开始了一对一的治疗。在治疗过程中,我发现他的行为类型属于创伤后应激障碍。他的症状包括极度活跃、侵扰性想法和回避行为,最重要的是他有抑郁发作的情况。当我告诉他他有创伤后应激障碍,并向他解释了这种类型的特点后,他立马觉得自己的情况很符合。据他所说,他生平第一次意识到了他父亲对他的家暴行为和他的暴力行为之间存在着一定的关联。他明白了自己的童年创伤是如何影响到当前对待伴侣的行为中的。对尤西来说,能够将过去的创伤和现在的行为联系起来是一大突破,这有助于他改变之后的行为。

这则案例包含了大多数男性身上的两种暴力行为特征:暴力是一种习得性行为;暴力行为和创伤有关联。

通过代际传递的习得性行为

代际传递是导致暴力行为的一个常见原因。我遇到的许多男性,在面临压力、挫折和愤怒时,都是学着父母和周围人的样子来应对的［加斯（Gass），2011］，他们的暴力行为是经过了积极的、有意识的强化的［弗勒德（Flood）、皮斯（Pease），2009］。儿童在生活中的各种行为也是从身边主要接触到的人身上习得的［韦勒姆（Wareham），2009］。提出社会学习理论的班杜拉（Bandora）认为，人在面对压力和解决冲突时使用暴力，是一种从小习得的行为。参加治疗小组的大多数男性都生活在充斥着暴力的环境中，他们的家人或周围的人把暴力当成一种为了实现目标而使用的合理方式。暴力行为让他们获得了好处，而且他们没有因此受到过惩罚。于是，这些行为就被强化了，会反复出现。以色列的一项研究发现"男人的原生家庭出现暴力行为的情况越严重，那么他们与伴侣之间肢体和言语暴力的冲突程度也会越严重"［哈兰尼（Harany），2018］。总之，亲密关系中的暴力是一种应对冲突的方式，这种方式是在童年习得并加强的。

　　27 岁的丹尼（Danny）因对女朋友使用暴力而加入了这个小组：在暴力行为发生后，他的女朋友去看了医生，并对他提出了控告。丹尼提到，他们刚在一起的时候，他就对她有过暴力行为，他很懊悔。丹尼的父亲经常打他的母亲和弟弟。因为他是长子，也是父亲最喜欢的孩子，所以父亲从没打过他，但是丹尼对父亲的行为日渐不满。14 岁的时候，丹尼见父亲打他的弟弟，就拿出一个玻璃瓶往父亲的头上砸去。父亲受伤被送到了医院。据丹尼回忆，从那以后，他的父亲再也不敢打他的母亲和弟弟了。这一事件强化了"暴力能解决问题"这一想法。同时，它还强化了暴力这种行为模式，每当他在亲密关系中遇到挫折和感到无助的时候，他就会有这样的行为。

从丹尼的案例中，我们得知他的暴力行为是从周围环境中习得的。其实，小组的许多人都是在这样的家庭和社会环境中长大的，他们把暴力当成实现目的的正当手段，当成逃避威胁和释放情绪的工具。在丹尼的例子中，他和伴侣的关系就是引发暴力的激发因素，激发出了他从小习得和内化了的一些行为［班杜拉和沃尔特斯（Walters），1963］。

对他们而言，暴力行为能带来许多"好处"：一些需求和欲望立刻得以满足，紧张的身体得到放松，划定一段关系中的等级和控制权，迅速缓解情感上的痛苦，等等。此外，暴力行为还能吸引注意力，让伴侣倾听和取悦自己。虽然暴力行为的收获"立竿见影"，但是包括低自尊、羞愧和后悔等情感代价，以及触犯法律和破坏甚至终结亲密关系等问题，会在以后显现出来［彭斯（Pence）和佩马（Paymar），1993］。除了付出这些代价以外，丹尼最大的损失是他丧失了运用恰当方法处理复杂心理状况的能力。因此，在关键时刻，他只能将暴力行为当成应对挫折和情感痛苦的最佳手段。这种行为伤害了周围的人,在把他们从他身边"推开"的同时,也伤害了他的自尊。

我常常被问道:"一个曾经遭受过或目睹过家暴的儿童,怎么会有同样的家暴行为呢?"问这个问题的人往往还会问:"这是否意味着他们的孩子也会有暴力问题?"这些问题清楚地表明,暴力行为的发生有着家庭关系的基础。过去这些年,暴力的代际传递问题困扰着许多小组成员。在追溯暴力起源的过程中,我们发现,许多小组成员的父亲也成长于暴力的环境,所以暴力行为从上一代传递到了下一代。由此,"父亲吃了酸葡萄,儿子的牙酸倒了"(《耶利米书》,31∶29)这句话,就很适合用来形容这些种情况。我们可以看到,那些童年时期遭遇过家暴的男性,对环境刺激的敏感度更高,因为他们常常过度活跃,处于生存紧张的状态。因此,他们会对挫折事件做出冲动的、暴力的回应。关于反社会行为在祖孙三代之间如何代际传递的研究发现,祖父母的品质及其在与子女相处中的回避行为在三代人身上都会重复出现[贝利(Bailey)等人,2009]。总之,研究一再表明,父母对孩子的暴力模式往往会在下一代中延续和重现[康格(Conger)等人,2003;尔津格(Erzinger)和斯泰格尔(Steiger)等人,2014]。

关于暴力行为的代际传递的另一种解释,与我们所说的"分化"(differentiation)有关,默里·鲍恩(Murray Bowen)还将其作为他的家庭系统理论的一部分(1990)。分化是指一个人将自己与其他人区分开的能力。根据这一理论,处理好"与别人在一起"和"独处"的问题,也是处理好人际关系的一部分。在人际层面,高分化感是指一个人在与他人保持亲密关系的同时,通过建立自己与他人之间灵活的边界,保持某种独立感。根据鲍恩的观点,分化能力是在童年时的亲子关系中形成的。在低分化感的亲子关系中,父母很难将自己与孩子分化开,这反过来又使孩子更难发展出高分化感的人际关系。处在低分化感的关系中,可能没有形成很好的独立自主性,因而对人际关系中的刺激容易产生更强烈的情绪反应。这是因为他们害怕在这段关系中失去存在感,且这种情绪难以自我调节,需要他人来调整。因此,在代际传递过程中,相比分化感高的男性,分化感低的男性更容易因为一些不舒服的外界因素刺激感到不知所措,并且难以调节这种刺激带来的情绪。所以,对伴侣实施暴力行为,目的正是制止这种令人痛苦的刺激。舒伯特(Schubert)等人的研究发现,存在暴力行为的家庭,其家庭成员往往会形成较低的分化感。

我最想告诉这些参加小组治疗的男性的是,他们参加治疗,就增加了自身打破暴力行为代际传递的机会。对我来说,最重要的是给他们希望和尊严,让他们为自己的行为负责,并明白停止暴力行为将会给身边的人带来什么样的影响。

创伤

尤西代表了参加这个小组的许多男性,他们曾经历童年创伤或战争方面的创伤,因为创伤后应激障碍,所以产生暴力行为[奥拉姆(Oram),2014]。过去这些年,我们越来越清楚地看到,当面临威胁时,暴力会成为他们的应对方式。触发这一方式的前提,就是他们迫切需要缓解极度强烈的焦虑感,而这种焦虑感往往与多个创伤事件(复杂创伤)有关——大都发生在童年时期(吉尔巴,2020)。对这些男性而言,在某一次与伴侣互动之后,过去某件可怕的事——包括当时的感受,会再次浮现,他们认为这是一种威胁。这种互动会触发"警报"——他们要为无处发泄的情绪寻找目标了。此时,他们迫切地需要发泄情绪,于是最终对伴侣暴力相向。我们应该指出,这种障碍的特征之一是对社会和人际关系作出了不恰当的处理和应对,将外部和内部的刺激解读成了威胁——即便它们并不是。因此,一些并没有伤害意图的行为可能被当成威胁,从而引发冲动和暴力的回应。在这些情况下,暴力被当成了应对威胁的手段(塔夫特等人,2003)。

对那些经历过极度焦虑、心理素质又不足以调节自身情绪的男性而言,暴力行为能够快速而有效地终止焦虑。他们通常会利用一些精神活性物质来应对焦虑,但是在一段亲密关系中,他们和伴侣互动频繁,所以遇到冲突和挫折的情况更多,这时通过暴力能立刻缓解过度的焦虑。除了在亲密关系中实施暴力,参加该小组的男性还有一个重要特征,那就是他们暴力行为的发生是"无差别的":可能发生在大街上、公共交通工具上或者工作场所;而暴力行为的对象可能是熟人,也可能是服务人员。

治疗师将那些患有创伤后应激障碍的小组成员又分成了两组。第一组遭遇过一个创伤事件——大多在成年时期,后来发展为创伤后应激障碍。第二组(包括尤西在内)遭遇过多个创伤事件,后来发展成复杂性创伤后应激障碍(CPTSD)。第一组男性通常可以明确说出他们行为的转折点。他们知道如何描述创伤事件(比如他们参与的一次争论)之前和之后的变化。这类人通常会这么说:"那件事之后,我变得越发不耐烦了,看什么都觉得不顺眼。"第二组男性无法准确说出过去某个特定的时间点发生的变化,他们通常只说自己在童年或青少年时期有过情感或行为问题。对年轻男性暴力和犯罪行为的长期跟踪研究(从童年到成年)发现,是否有虐童行为,已成为有暴力行为的男性罪犯与非暴力的男性罪犯及那些没有触犯法律的男性之间的明显区别因素[洛伯(Loeber)等人,2005]。

像许多其他项目一样,这项研究让我们了解了参与该小组的大多数男性的情况:他们的暴力始于童年时期。无论是自身遭受过暴力，还是目睹过别人遭受暴力，这种经历导致了成长早期的创伤后应激障碍，表现为过度活跃、过度反应、高度焦虑、低自尊、易内疚和羞愧，以及攻击性行为等。同时，这些也都在他们成年后的亲密关系中，通过攻击性行为和虐待行为表现出来。

控制与报复

暴力行为的另一个原因是，控制欲和报复的念头难以控制和宣泄，非通过暴力行为表现出来不可。

43 岁的伊兰（Eran），妻子名叫拉维特（Ravit），两人育有三个孩子。拉维特的父亲在目睹了伊兰对拉维特的暴力行为后，起诉了他。事后，伊兰来到了这个小组。刚来时，对岳父的仇恨充斥着伊兰的内心，因为是他让自己背上了犯罪记录。这样的羞辱让他耿耿于怀，而岳父这么做都是为了帮拉维特出气。其他小组成员试图向伊兰解释，如果他们的女儿遇到拉维特那样的事，他们也会那么做，但这并没有消除他因岳父介入他们之间的关系而起的复仇心理。在一次小组会议上，伊兰说他曾在拉维特的车上放了一个监视器，以便监视她的行踪。伊兰在参加小组期间，岳父被诊断出癌症，健康状况恶化。在岳父弥留之际，伊兰将拉维特的车没收了，让她没法去照顾他。为了照顾父亲，拉维特要乘坐单程三小时的公共交通工具往返。和我遇到的其他人不同，伊兰对自己的家暴行为毫无悔意。他还狡辩说是因为妻子先违背了他的意愿，所以自己的复仇是一种合理的行为。四个月后，伊兰离开了小组，因为他认为待在这里对他的刑事诉讼没有帮助。

像伊兰这样满怀报复心理的男性，同时也有着难以调节的控制欲，他们往往把暴力视为实现重要目的的正当工具，而这些目的包括完全掌控他们的伴侣。他们将夫妻关系视为建立在利益之上的一种关系，因而不信任伴侣，时刻保持警惕。这类男性想要时刻掌控伴侣，而"复仇"是达到这一目的的重要手段。他们通过各种不同的方法掌控伴侣，甚至完全不使用肢体暴力，就能凌驾于她们之上。他们的暴力行为表现在掌控家庭经济大权，猜忌和充满占有欲，威胁、恐吓、监视、羞辱、跟踪、孤立对方，以及其他试图掌控伴侣一切行动的举措。男性通过这些方法限制了伴侣的自由，减少了她们获得外部帮助和保持独立的可能性。他们就这样把伴侣变成了"俘虏"。报复是一种惩罚伴侣的方式，因为她没有按他的要求行事，所以他要伤害她。

许多基于控制和报复动机的男性曾对伴侣表现出敌意。

他们往往将伴侣视为"只会剥削的女人",认为她们不关心自己,不为自己着想。他们中的许多人从来没有经历过一段只有真心关怀、没有利益牵扯的感情,所以他们没有学会如何去爱别人。也因此,他们没有机会去内化一段基于关心、付出和尊重的健康关系。他们的悲哀之处在于,很少有机会感受真爱,过着孤独的人生,没有难忘的感情经历。他们之所以来参加治疗,大都是迫于外部压力,他们往往不信任治疗过程和治疗师。他们中的许多人坐过牢,并且在家庭以外的地方同样实施过暴力。从这一角度看,他们的思维方式和那些具有反社会人格的人很相似[霍尔茨沃斯-门罗(Holtzworth-Munroe)和斯图尔特(Stuart),1994]。帮助这类男性作出改变的可能性不大,他们来参加治疗只是应付了事,监管期一过就会消失无踪。

自尊

另一组是由因低自尊和分裂倾向而产生暴力行为的男性组成。在这类男性的心里,女性的形象游走于好与坏的两端,或者正如他们常说的:"女人既愿意给予,又懂得索取。"他们在爱与恨之间摇摆不定。在他们眼里,对方前一周还是亲密的爱人,下一周就变成了伤害和羞辱他们的敌人。这类男性高度依赖他们的伴侣,但又无法将自己从亲密关系中分化出来。导致暴力行为的思维过程开始于两人之间的某一次互动,在这次互动中,男人突然体验到一种强烈的被贬低和羞辱感。这种体验包括伴侣不理会、不尊重他,把他看得一文不值。由于对伴侣高度依赖,这种无价值感变得更加强烈,因而导致了这样一个事实:这类人的自尊心非常强,他们在建立自我价值的时候,把周围的人看得更重。分裂倾向就是从这里开始起作用的。在这样的时刻,伴侣被他们视为意图攻击和毁灭自己的情感及存在感的"掠夺者"。他们为了保护自己,只能攻击伴侣。这种暴力行为的目的是保护被外敌攻击的自己脆弱的自尊。

　　三十出头的谢伊(Shay)在被妻子罗妮特(Ronit)起诉后加入了小组。她拒绝周末与他的家人共餐,于是他威胁说要杀了她。在谢伊九岁的时候,他的父母离婚了,自那以后,谢伊便在母亲的支持下主动和父亲断绝了联系。父母离婚后,谢伊变成了单亲儿童,他和母亲就像亲密的朋友,缺少分化感。罗妮特在谢伊的母亲骂了她之后拒绝见她,这激怒了谢伊,他认为她缺乏同情心而且不尊重他。此外,谢伊站在母亲那边,很难对罗妮特的痛苦感同身受。据他所说,"她太小题大做了",她必须原谅他的母亲。值得一提的是,就在一周前,谢伊才为罗妮特庆祝了生日,所以她的拒绝让他很受伤,让他觉得不公平。

谢伊在他自己的人际关系中重新创造了好女人与坏女人的区分模式，而他的人际关系则受到他对父母的理解（好母亲与坏父亲）及他与父母关系的影响。此外，他的母亲也将他们夫妻二人分化成了好谢伊和坏罗妮特。

谢伊代表的是那些高度依赖伴侣的人，他们很难将自己分化出来，而且还有分裂倾向。这些人很难认识到，健康的精神生活是建立在这样的认知基础之上——积极的自我意识是基于内在各种意识之间的协调发展；同样，也应该建立在承认我们每个人身上都有许多不同甚至对立冲突的部分这一基础之上，即便这些不同部分是难以共存的。做不到这些，加之高度的依赖性，终将导致愤怒的爆发。伊兰的报复行为是以自我为中心和共情失败的结果，但是像谢伊这样的男人是知道怎么去爱、怎么表达喜欢和同情的。当这类男人发现两人的关系出现裂痕，或者有被拒绝、被轻视的迹象时，他们就会把伴侣当成坏人，并认为她们是摧毁这段关系的罪魁祸首。他们的情绪在两个极端之间摇摆，这也导致他们情绪无处发泄，想要伤害伴侣。在这方面，他们与患有边缘型人格障碍的人很相似。

相互升级

关于亲密关系中的暴力行为,有一种很常见的触发模式,就是双方相互升级。他们不想办法减少冲突,反而让冲突加剧,最后演变成暴力。尽管这其中有消极情绪在作祟,包括焦虑、愤怒、无助、羞耻和受辱,但冲突其实是一个有算计和预谋的过程,控制欲是它的基础和驱动力[温斯托克(Winstok),2012]。这种关系模式通常是这样的:一方完成了某个行为,另一方对它作出回应,如此,双方的每一个行为都依赖对另一方行为的解读,因此行为的结果是即时发生的[温斯托克和艾西科维茨(Eisikovits),2008]。到最后,双方都觉得自己只是暴力的回应者,而不是发起者。

吉尔(Gil)和巴特-艾尔(Bat-El)吵了一架,后来升级成扔东西,还摔坏了一张桌子。之后,吉尔自愿加入了该小组,因为他意识到自己的感情陷入了危机,而且他必须处理好自己易怒的问题。他们育有三个孩子。由于经济负担重,吉尔希望巴特-艾尔也出来工作,以贴补家用。此外,他过着宗教徒式的生活,而巴特-艾尔不信教,他们在孩子的教育方面也存在分歧。吉尔觉得巴特-艾尔在利用他,因为只有他一个人在赚钱养家,而且据他所说,她认为这是理所当然的。过去几年来,两人的冲突不断加剧,甚至升级成相互谩骂。据吉尔所说,有一次巴特-艾尔攻击他,从他身后抓住他打他。总之,他们相互攻击这一类事件反复发生。显然,这是一个相互升级的过程。随着治疗的进行,吉尔已经能够预先识别出升级与冲突,并且学会远离冲突场景,腾出时间放松。虽然这种阻止矛盾升级的行为有一定的作用,但没有得到巴特-艾尔的理解。她认为这是在逃避问题,因为吉尔不愿解决问题。尽管他解释说,吵架的时候不适合讨论问题,但她不以为然,始终认为他是在逃避。随着时间的推移,越来越明显的是,巴特-艾尔也需要寻求帮助了,因为她容易让分歧升级成暴力。该中心曾试图阻止她采取暴力,并鼓励她使用中心的服务接受治疗和指导,但她拒绝了,声称是吉尔的问题,只有他改变了,问题才能得到解决。巴特-艾尔拒绝该中心提供的帮助,也不愿承担自己的责任,这让吉尔选择了离婚。

那些在亲密关系中制造对抗的人,当对方拒绝改变的时候,他们往往会寻求改变,而当对方寻求改变的时候,他们又想维持现状(温斯托克和艾西科维茨,2008)。在双方都存在暴力的情况下,要对男性进行治疗,也是一大挑战,因为双方都觉得自己没有错,都认为自己是暴力的受害者,自己的暴力行为是对对方侵犯行为的防御。在这种状态下,双方都觉得自己的攻击性行为是反抗性的、防御性的,是正当的,而对方的攻击性行为则是源于内在的冲动:本质上是有攻击性、破坏性的,是不正当的[马尔科维茨(Marcovitz),1982]。他们中的许多人很难联系到自己的责任,而将暴力行为视为一种潜意识下的行为选择。此外,许多伴侣会因为另一半不愿放弃自己的需求、不愿对关系恶化负责而感到失望。在这种关系中,双方相互攻击,各自都认为自己是受害者而非挑衅者。治疗此类男性的复杂程度与政治、社会等治疗背景下的环境相关,而这些都取决于社会的"女性主义范式"。这让在治疗中对双方共同升级暴力这种行为的探讨很难得到认同。这种对话促成了这样的社会意识——亲密关系中的男性暴力行为是不合法的,而人们对待女性暴力的态度则更加矛盾,在否定、认同和同情之间游移。

这一事实使得专业人士很难治疗那些实施以相互升级为特征的暴力行为的男性,也很难从双方都有责任的角度来诊断这个问题。在这样的夫妻关系中,很重要的一点是,女性要像男性一样意识到自己的问题,要认清自己在关系恶化中所起的作用。这种意识将会强化她们对待自身行为的义务,或促使她们推动暴力事件朝健康方向发展,从而改善亲密关系,促进心理健康。

男权主义观点

影响亲密关系中男性暴力行为的另一个因素是男权主义观点。

三十多岁的约阿夫（Yoav）在妻子生下一对双胞胎的三个月后加入了该小组。他和妻子吵了一架后，把妻子推了出去，锁在阳台上，结果是他被禁止回家。那次吵架的背景是妻子因为他不帮忙做家务和带孩子而跟他生气。约阿夫的父母就住在同一栋楼的楼下，他从小在男权制家庭长大，在他们家，男人是不做家务的。约阿夫也接受着这种传统观念，在性别观念上非常刻板，而且还非常要面子。在他看来，女人就该包揽所有的家务和照顾孩子，不需要男人插手；他的角色就是挣钱养家，而他在这方面做得很好。他还补充说，他看到妻子照顾两个孩子很辛苦，所以提出让他的母亲每天过来帮忙，但是妻子拒绝了。她声称不想母亲过多干预他们的生活，害怕约阿夫请母亲过来是为了监视她。约阿夫不承认妻子和母亲相处起来有困难，甚至觉得妻子不能和母亲好好相处让他丢脸了。如此，他的妻子要一边适应初为人母的身份转变，一边承受照顾两个婴儿的辛苦，同时还得忍受约

　　阿夫的暴力,于是最终选择对他提出指控。这一行为也伤害了约阿夫,他认为她做得太过了。

　　约阿夫代表的是小组中那些对性别身份有着严格认知的男性。在这个例子中,暴力是一种表达痛苦和失望的方式,因为伴侣拒绝迎合他的男权主义观点。他使用暴力的目的是吓唬妻子,以便建立对她的控制。过去五十年来的女性主义运动和女性地位与权利的变化,让男性不得不面对渗透进亲密关系中的社会秩序的变化。女性主义运动揭示了这样一个事实:对许多妇女而言,家不是一个安全、平等的空间,而是一个充满斗争和控制的地方,使用暴力是男人保持对妻子控制的一种手段。有些女性试图表达需求和主张平等,可她们的伴侣却不屑一顾,甚至为了让她们保持沉默而使用暴力。这类男性的行为,离不开他们父亲的教导——男人在亲密关系中是享有特权的。这些父亲的教导和"以身作则",向儿子传递了一个信息:在亲密关系中要保住自己的地位,保留这种明确而严格的性别身份。于是,他们的儿子就期待伴侣来满足父亲灌输给他们的这种认知中的"待遇"。对他们来说,伴侣的任何破坏他们特权的行为都是不合理的,是对他们的不尊重。

　　我猜测,以色列社会中的大多数男性都面临且需应对性别身份的变化,而且他们或多或少都面临男性身份与伴侣要求(要求他们分担她们的负担)相冲突的情况。他们从社会和原生家庭中学到的男性应该扮演什么角色、不该扮演什么角色，早已作为社会结构的一部分被他们内化，并极大地影响了他们男性身份的塑造。原生家庭与社会环境中关于性别身份的认知差异，可以解释不同的男性因为社会地位、行为方式及家务和育儿参与度等不同，而在冲突处理上有差异（奥尼尔，2015）。根据我的经验，他们已经接受的这些传统观念越是背离亲密关系中平等的需求，他们对亲密关系的刻板印象就越强烈。正是这种刻板的态度导致夫妻既有的冲突升级，以致这些男人想以让女人沉默的方式停止冲突，因为他们认为女人是冲突升级的始作俑者。我也经常听到一些男人抱怨"如果她不坚持……我们也不会吵架"。

对许多男性而言，要让他们在亲密关系中形成平等的观念和进行更灵活的性别角色划分，仍然道阻且长。然而，从时间的角度看，他们也确实发生了一些变化。近年来，当小组成员发表一些男权主义观点时，很多时候都会遭到其他成员的反对，甚至遣责。现如今，合作式伴侣关系的观念已经影响广泛，并且在我们小组中得到体现。此外，参加这个小组的许多男性都积极参与到孩子的养育和教育中，他们甚至将遇到的教育困境带到小组中讨论。尽管如此，"合作式伴侣关系"这一观念的内化与性别身份的灵活划分和男性的实际行为，仍然没有达到一致。据我所知，之所以如此，是因为他们中的许多人很难放弃传统家庭观念可能带给他们的某些特权，也不愿耗费时间、精力和资源来处理家务。

从这方面看，当涉及性别平等和女性地位时，小组引导者的观点对帮助男性（尤其是那些持有男权主义观点的男性）应对关系危机和改变暴力行为具有重要意义。这个小组的成员面临的许多冲突都是关于男性对女性的期望的问题，这与当前女性要求公平和平等的现实不符。我曾向小组成员们提到，如果我持有像我父亲那样的大男子主义观点，那么我刚结婚不久就得离婚。男性如果能够改变自己的观点，承认伴侣愿望的合理性，就能改善他们的亲密关系。如果引导者难以接受女性主义观点，不认为男女平等，那么他将很难帮助其他男性发展这些观点。如此，他便无意识地促进了冲突的持续和升级。按照这些观点行事的男性，除了对学习过程和内化了的男权主义世界观的理解与共情外，他们的最薄弱之处在于亲密关系，因为亲密关系通常建立在相同价值观和情感交付的需求上。在治疗中，治疗师和小组成员需要处理好关于性别角色的刻板态度、亲密关系本身的脆弱性、解决冲突的难度与在亲密关系中缺乏亲近感和亲密感之间的关系。

作为威胁的亲近与亲密

亲近与亲密虽是一种渴望，但它也可能带来威胁感，威胁感又可能导致暴力行为。一些男性之所以对亲近与亲密产生担忧,是因为害怕失去控制,害怕被吞噬和消灭,因为任何关系都具有相互依赖的本质。与女性相比,男性更热衷于独立,对侵犯他们自我的行为更加敏感,所以他们容易拒绝依赖。当他们还是男孩的时候就渴望"像不在一起那样在一起",因为他们学会了和别人比较"谁拥有的更多""谁的更大""谁更强壮"或"谁最先来",这些都是他们成长过程中喜欢争的。这种比较和孤立甚至可能导致攻击性和暴力行为。他们不鼓励男孩们谈恋爱,而是鼓励他们做独一无二的人——与众不同。"不惜一切代价去赢",这是一些男性谈恋爱时的心理暗示。一方面,他们被迫将自己的个性分离出来,变得"独特"或"比别人更厉害",这样他们就能展现最好的自己;而另一方面,他们又渴望并需要人际关系。这是一种关系悖论:"更多和独特"往往是以"在一起"为"代价"的。这种悖论位于男性正常发展的所有因素的核心[贝格曼(Bergman),1995]。他们越是想和这个世界打交道、控制它,就越难处理相互依赖的男女关系,双方的相互反应也更加强烈[本雅明(Binyamin),2013]。在亲密关系中,总有一种失控和脆弱的感觉。矛盾的是,有暴力行为的男人希望得到伴侣的欣赏,但他们中的许多人在共情、相互依存、让步、倾听、妥协、寻求帮助和依靠他人方面又缺乏技巧。事实证明,金钱、良好的样貌或成就都"买"不到爱情。一段好的亲密关系会因为经历冲突、无助感、创造力勃发和相互倾听而变得更加牢固。但大多数有暴力行为的男人都害怕无助感,他们被困在冲突之中,以致和伴侣分道扬镳,或者宁愿发动"战争"也不愿保持对话。

29 岁的盖伊(Guy),已经恋爱 8 个多月了,他因为在恋爱中遇到了问题,所以主动加入我们小组。在上一段恋情中,每当伴侣反对他或者让他失望,他就会暴力相向。这些经历无意识地加重了盖伊对伴侣的依赖。他拒绝承认这种依赖,也很难接受他需要她这个事实。据他所说:"我每次都会受伤,为什么还要和她在一起呢?她不感激我,认为一切都是理所当然。我为什么非得找个人来击垮我?"可他还是选择了留下。盖伊家里有四兄弟,他最小,父母离婚后,他和母亲一起生活。盖伊说母亲总是忽视他的情感,还对他使用暴力,所以他很少回家,并学会了照顾自己。他明知道不应该依赖别人,但在亲密关系中又表现出依赖别人。

亲密关系中的暴力,一方面表明男性依赖伴侣,一方面又表明他们很难承认自己依赖伴侣。他们之所以会觉得需求得不到满足,是因为他们对伴侣的依赖,这被认为是关系中的一种消极信号。现实中,没有哪个伴侣能满足他们所有的需求。人际关系发展的任务之一是:依赖对方的同时能够包容对方,知道对方也有自己的需求,而且对方的需求不一定和自己的需求一致。就像小朋友第一次发现他的主要照顾者不仅需要满足他的需要，还要满足自己的需要，而且这个人不可能满足他的一切需求。认识到并接受这一痛苦的事实，有助于调节伴随失望而来的痛苦情绪。

对那些使用暴力的人来说，那些失望的时刻会让他们意识到自己对伴侣的依赖——这是他们害怕并试图否认的事实。因此，当他们陷入焦虑或者依赖别人，导致情绪无处发泄的时候，他们就把暴力当成了一种防御性的反应——其实是一种有意识的行为。当男人的需求得不到满足时，他们表达痛苦的方式，就是把罪责推到女人的身上——对其采取暴力。从这个意义上说，暴力是不愿承认自己脆弱的一种表现。他们只是和伴侣在一起，就唤起了他们的依赖感，而这正是他们努力想避免的。

小组成员们不断提出的需求之一，就是想学习如何在亲密关系中避免受伤。遗憾的是，他们每次提出来，我都会让大家失望。要想学习如何避免受伤，必须面临一个更重要的问题：在亲密关系中，情感上的痛苦是不可避免的。对亲近和亲密的渴望，使得他们愿意去受伤。因此，他们需要解决的主要问题是如何应对脆弱，以及如何以一种非破坏性的方式应对亲密感。因此，小组成员们的基本愿望之一就是学会在受伤后该怎么做。盖伊参加这个小组，是为了学习如何抑制在当前的恋爱关系中感受到的脆弱感，让自己和伴侣更加亲近。

对他来说,要获得帮助,重要的是先意识到自己对这一事实过度敏感:他依赖伴侣,并且因为这种依赖而感到痛苦。他还必须明白,对他来说,恋爱中的失望感会引发不受控制的激进反应。

对于像盖伊这样的男性,我们的主要任务是增强他们对亲密关系中不愉快感受的容忍度,从而提高他们处理情感痛苦的能力。此外,要消除他们对于依赖的消极看法,改掉否认它的习惯。不能接受自己对伴侣的依赖,甚至以之为耻,这让他们远离亲近和亲密的人,也触发了原始的防御机制。

抑郁

我们从性别的角度来观察抑郁症的发病率,会发现女性患精神抑郁和重度抑郁症的人数是男性的两倍[凯斯勒(Kessler)等人,2003];以至于抑郁症有时被称为"女性障碍"[科克伦(Cochran),2005]。与女性相比,男性被诊断患有精神活性物质滥用、反社会人格和自恋的人数要多得多——这一定程度上反映出男性情感冷漠,而且他们会通过破坏行为将精神痛苦与内心冲突表现出来。虽然上瘾可能会导致焦虑、反社会行为和抑郁,但在许多情况下,情况往往相反:许多精神活性药物上瘾的男性将上瘾当成了一种治疗抑郁的手段,这一点,是心理健康机构和男性自身都不承认的(科克伦和拉比诺维茨，2000）。

奥佛（Ofer）参加这个小组时三十出头，已婚，有个刚出生的孩子。每次和妻子莫尔（Mor）吵架，他都会咒骂她。莫尔威胁说要跟他离婚，他才加入这个小组。早些时候，他告诉大家，他的父亲是个酒鬼。后来才慢慢发现，他父亲患有抑郁症，所以总是喝得不省人事：为了将自己隔离起来，有时候甚至消失好几天。奥佛觉得他很丢人，不让自己的儿子见他。时间久了，奥佛便开始和大家分享他的体验——活在一个抑郁、酗酒且家暴的父亲的阴影下，他也患上了精神抑郁症。他持续地感到悲伤、缺乏满足感、焦躁不安，想和周围的人作对。此外，奥佛还会伤害他的父亲。打了父亲之后，他便心烦意乱地来到这里。在加入小组的第三年，我给他布置了一项任务：培养对父亲的同情心。我认为这是奥佛进一步了解自己的方法，也是将他面临的精神压力同他与父亲之间的矛盾联系起来的方法。奥佛很配合，为了了解父亲抑郁的原因，他深入地了解了他的家庭历史。他和父亲更加亲近了，甚至邀请他到自己家里。在离开小组的告别会上，奥佛说，虽然父亲还在酗酒，但他依然爱他，他还感谢这个小组让他了解了自己的父亲。

患有抑郁症的人往往更加外向,他们会有针对自身或周围人的伤害性和破坏性行为[基尔马丁(Kilmartin),2005]。比较研究发现,与女性抑郁症患者相比,患有抑郁症的男性的症状更倾向于躁动、易怒、攻击性和反社会行为[莫勒-莱姆库勒(Moller-Leimkuhler)等人,2004]。与女性不同,男性的抑郁现象通常更为隐蔽,而且常常被他们用他们自以为能被社会认可的方式掩盖,比如饮酒、攻击性和暴力行为(科克伦,2005)。我们无法忽视这些支持抑制情感和脆弱的方式的影响——西方人都是在伴随着这些信息的文化中长大的,让他们必须藏在一副"情感上坚不可摧的面具"之下[恩格拉-卡尔森(Englar-Carlson),2006]。对一些经历过抑郁的男人来说,"抑郁意味着不是男人",而走出抑郁又让他们重新做回了男人[埃姆斯利(Emslie)等人,2006]。关于这一主题的研究表明,传统的大男子主义观念会将男性置于抑郁的风险以及通过破坏性手段表现抑郁的风险之中(阿迪斯,2008)。

从这方面看,我们小组的男性,使用精神活性物质(主要是大麻)和他们患抑郁症之间的联系非常明显。因此,有必要指导一些男性接受精神治疗,这样他们就能接受药物治疗,包括在必要时使用药用大麻。对那些患抑郁症的男性而言,将精神疗法和谈话疗法相结合,效果非常显著。大多数时候,这些男性治疗对象会说,药物治疗帮他们保持情绪稳定,而谈话则是促使他们改变的基础。

自卫

事实证明,女性也会对男性施加暴力[阿切尔(Archer),2000]:言语上、心理上、身体上,有时甚至是在性方面。过去这些年,我也遇到过遭受暴力的男性。他们对伴侣的暴力行为实际上是出于自卫。罗恩(Ron)就是他们中的一个。

罗恩今年四十出头,妻子名叫内奥米(Naomi),他们有三个孩子。他们刚在一起时,每当罗恩拒绝内奥米的要求,她就会打他。有一次,罗恩正在洗澡,内奥米就打了他,于是他来接受治疗。罗恩每周会约朋友打一次牌,内奥米不准他去,之后两人就开始吵架。罗恩想停止吵架,可是内奥米不听,于是他不跟她吵,转身去洗澡。罗恩洗澡的时候,内奥米冲进去打他。罗恩让她别打了,可她不听。于是罗恩把她朝门口推。她的头撞到了淋浴间的门上,她就打电话报了警。结果罗恩被关了 24 小时,还接到为期 15 天的限制令。同时,他还被控以伤害罪。罗恩是在成人缓刑服务机构介入后,才参加了这个小组。罗恩在限制令到期后又回到了家里。据他所说,他没有离婚是因为他的经济状况以及担心伤害孩子们。

关于女性对男性施暴,最常见的解释是自卫。显然,也有一些男性出于自卫而对女性实施暴力行为。研究人员在英国通过社交网站对 161 名遭受伴侣虐待的男性进行了匿名调查,结果发现,78%受到伴侣身体伤害的男性表示,他们从来没有还过手[贝茨(Bates),2020]。

这些年来,也有遭受伴侣暴力的男性来到我们小组。我遇到过一名男性,他的妻子强迫他做爱,"不然她就会以伤害罪起诉我"。有一个来到这里时手臂上还带着被抓伤的痕迹;还有一个身上有牙印;还有一些遭受了精神暴力,会被强迫去做某些事。有些遭受暴力的男性很难将自己视为受害者,在他们看来,他们的伴侣只是失控了,而他们能做的,只有忍气吞声,等对方气消。他们之所以这样,是受了关于家暴的社会观念的影响:男人只可能是攻击者,根本没考虑到男人也可能是家暴的受害者[马卡多(Machado)、海恩斯(Hines)、马托(Matos),2016]。此外,还有一些男人闭口不谈自己遭受暴力的事情,因为他们觉得丢脸。那些拨通男性受害者家暴热线的人中,71%的人称,如果不能匿名,他们根本不会拨打电话[布鲁克斯(Brooks),2018]。

我问那些受害者为什么没有提出指控,他们有的说自己提出了指控,最后却不了了之;有的说他们觉得警察不会相信他们;还有的说他们之所以没有报警,是因为害怕被警察当成侵犯者而立即逮捕。贝茨在她的研究中发现,在参与调查的

161 名男性中,28%的人是第一次分享他们遭受虐待的经历,其他人则曾经与某个朋友或家人分享过。但是,他们谁都没有让执法部门知道(贝茨,2020)。来到这个小组的人,之所以没有提出指控,更常见的一个原因是,他们认为无论自己家里发生了什么,都不应由执法部门介入。有的人不想伤害自己的伴侣,不希望她们被警察抓走。还有的把容忍暴力视为一种有风度的行为,这与他们对男子气概的看法是一致的,比如有人认为男人应该容忍女人的暴力,因为"女人不可能真的伤到男人"[英特力(Entilli)和希波利塔(Cipolletta),2017]。

男人之所以维持一段有家庭暴力的关系,原因与女人相似。有的人在经济上或情感上依赖他们的伴侣;有的是已经习惯了这种无助感[艾布拉姆森(Abramson),1978];有的人不好意思求救;有的人受到妻子的言语威胁甚至自杀威胁,害怕离开她们;还有的不想家庭破裂,而且害怕把孩子留给有家暴行为的伴侣,他们认为如果离婚了,就无法保护他们的孩子免受暴力的伤害。

那些来到小组且后来被证明是家暴受害者的男性,其实并不是严格意义上的家暴受害者,他们是在伴侣对他们的暴力行为提出指控后来到这里的,而且是足以让他们有犯罪记录的暴力行为。以色列这个国家不承认男人会遭受伴侣的暴力,也没有专门针对受虐男性的福利援助。因此,遭受暴力的男性羞于寻求帮助,而需要帮助的男性又找不到合适的专业机构。此外,除了感化服务中心有一个治疗女性施暴者的小组外[扎尔茨曼(Zaltz-man)和鲍姆(Baum),2014],以色列没有其他针对女性施暴的受害者的援助服务机构。

随着时间的流逝,我逐渐意识到,我们必须以小心翼翼的态度,去了解这个小组成员暴力行为的起源。一方面,为了更有效地处理这一问题,要概括暴力行为发生的原因;另一方面,要尽可能扩大我们的理解,寻找更多可能。矛盾的是,了解男性行为中的重复模式能让治疗师提高治疗效率,但同时,试着概括原因又可能导致共情失败。我们必须接受这样的悖论。牢牢掌握那些变成知识的经验,深化我们的观点,提升敏锐度和质疑能力。这是为了保证每一个来到这里的人都有各自的改变和收获。此外,接受这个悖论能够使群体中每个人的主体性得以被看见,同时,这么做还能帮助他们应对因为害怕被抛弃、害怕成为"典型的暴力男"而产生的焦虑。对他们来说,个人经历和感受得到承认是很重要的。作为小组的引导者,接受这一悖论,能让治疗师给小组成员树立好的榜样:我们可以温和处世,尊重他人的主体性,就像在亲密关系中一样。

第二章 暴力循环的适用方面

　　1979 年,美国学者雷诺尔·沃克在《被虐待的妇女》(*The Battered Woman*)一书中,以动态循环的方式描述了男性经历的一连串精神状态,直至升级成暴力行为,即"暴力循环"(沃克,1979)。暴力循环理论至今仍然是描述亲密关系中暴力动态过程的理论基础,并极大地影响着以色列暴力治疗与预防中心的治疗。沃克认为每一对夫妻都会经历关系紧张的时刻,当其中一方施暴时,这种紧张就会被打破,然后施暴者又开始悔恨、想要补偿,并恳求受伤害的一方原谅。但是因为矛盾没有得到解决,夫妻没有处理好那些导致紧张的因素,所以这就成了一个无限的循环。于是,需要释放的压力又会重新出现,并再次升级,演变为暴力行为,然后又引起悲伤和补偿之意。根据沃克的观点,双方都想要降低暴力行为的影响,也都愿意相信它不会再发生。暴力循环因双方的愧疚感而得以重复。施暴者因其暴力行为而感到愧疚,受害者又觉得如果在事件中自己不那样做,伴侣就不会动手。但是伴侣根本无法阻止下一次施暴,因为那由不得他们。能否打破这个循环,取决于施暴者在面对紧张时能作出多大的改变。施暴者必须为自己的行为负责,并学会用非暴力的方式应对紧张情况。

根据这一理论,暴力循环分为六个阶段。第一阶段,男人由于在亲密关系或生活中无法实现期望的想法而积累愤怒。第二阶段,愤怒的升级进一步破坏了他的心理状态。第三阶段,他开始宣泄。然后压力得到释放,一切归于平静,这是第四阶段。一段时间之后,施暴者开始觉得羞愧和悔恨,这是第五阶段。由于愧疚,施暴者想补偿他的伴侣,于是试图再次走近,进入第六阶段。关系持续时间越长,暴力出现得越频繁,两个阶段之间的过渡时间就越短。这六个阶段通常定义如下:紧张积聚、愤怒升级、施暴、冷静、内疚与后悔、蜜月期。

"暴力循环"的六个阶段

紧张积聚和愤怒升级

虽然在暴力循环中,紧张积聚和愤怒升级阶段是分开的,但按照我的理解,紧张积聚是作为一种引发情绪升级的因素而存在,所以二者某种程度是可归为一个阶段的。紧张积聚和愤怒升级阶段的认知基础是,有暴力行为的人很难自发地、有节制地释放内心积聚的紧张。这些精神上的紧张没有被转化和消除，而是不断膨胀，直到变得不稳定。而这些紧张情绪也就是第三阶段的诱因。一些不愉快的事可能导致不良情绪，比如愤怒、反感、失望、嫉妒、痛苦和害怕，等等。在这样的关系中，伴侣的拒绝、批评或令人不愉快的行为，又或者怀疑和缺乏信任，都可能造成另一方精神上的痛苦。一旦痛苦没有得到抑制和处理，这些不愉快的感觉就会不断出现，并转化成愤怒，从而积累更多不希望发生的事件。

比如，有这样一幕：男子想让妻子晚点睡，陪陪他，可妻子早早地就睡了，以致男子觉得很孤独。这种孤独之苦让他以为她不想和他待在一起，甚至可能不爱他了。只要再发生类似的事，他的这些情绪和想法（包括孤独和无助）就会进一步强化，而这些情绪和想法渐渐地会转化成愤怒，而且他会把这些想法当成事实："她不爱我，因为她不想和我待在一起。"这一想法会升级成消极的情绪负担，直至变成愤怒和仇恨。

为了消除这种心理负担，男人必须和妻子交谈，和她分享他的感受，或者由此形成与之相反的想法，这样才能避免这些想法或感觉在亲密关系中长久积压。另一种有用的方法是增强不愉快情绪的承受能力——我也称之为增强容纳痛苦情绪的能力，这样就不会有立即发泄的冲动。

一个感到孤独并在这些消极思想面前保持被动的人，会不断积累这些消极想法；它们会逐渐积累并渗进他的灵魂，放大他的痛苦和愤怒。这种积聚的紧张不一定是源于双方关系发展的过程。在某些情况下，是一些影响其精神世界的生活经历导致的，这一切甚至可能发生在他认识伴侣之前，而它们又被投射到当前的事件上。比如，因过去被抛弃而形成的创伤会让有的人在人际关系中变得极度敏感，容易产生孤独感，导致他把一次没有恶意的互动解读成拒绝和抛弃——比如妻子因为太累而拒绝做爱。

紧张积聚和愤怒升级也与男性在缓解压力时常运用的消极应对方式（比如分担痛苦和抑制脆弱）有关。这些消极的方式阻止他们练习如何控制痛苦。

　　30 岁出头的亚里克斯（Alex），因为妻子梅拉夫（Meirav）和朋友通话到凌晨 2 点而打了她，之后来到了我们小组。过去三年来，亚里克斯和梅拉夫的关系很紧张，因为自从他们的第三个孩子出生，亚里克斯就想搬家，而梅拉夫因为想离父母近一些，所以不同意搬。持续冲突之下产生的紧张，加深了这对夫妇之间的隔阂。那时，梅拉夫在工作中遇到了一位女性，后来成了她最好的朋友和知己。这进一步加剧了他们之间的紧张，使他们更疏远。

　　暴力发作是一个持续的过程，在这个过程中，亚里克斯因为痛苦无处发泄而变得紧张,因为他把自己孤立起来,不与妻子或者其他人分享。妻子和朋友通话只是暴力事件的诱因。他只有在我问他的时候才说话——之前他和妻子也是这样。亚里克斯在这个小组里待了大约两年,他在和其他小组成员告别后,还询问过我是否可以和妻子一起进行治疗。我问他,参加我们的治疗对他意味着什么,他回答说促进了他和妻子之间的沟通。我们后来开了一系列他妻子加入的会议。她说,她不知道这些年亚里克斯脑子里在想什么,也不知道他为什么会生气——我并不觉得奇怪。亚里克斯也同意她的说法,然后鼓起勇气跟她分享他的感受,包括他为自己的行为感到懊悔,并表达了他对她的爱。

男性不愿分享自己的脆弱,也会促使紧张积聚。根据我的经验,社交环境鼓励男性去维持一种"一切都好"的假象,哪怕他们的生活正面临分崩离析的状态。许多时候,男人正在经历的危机的严重程度和他们分享这些让他们抑郁的事情(与离婚危机、限制令、居家监禁或去探视中心看望孩子相关的)的意愿强烈程度之间存在着差距(阿迪斯,2011)。抑郁通常表现为失眠、慢性疲劳、体重减轻以及找不到生活的意义。有时候,即便我问他们一些直接的、具体的问题,他们也很难和我分享。

羞耻感和愧疚感也极大地加剧了紧张积聚和愤怒升级。由于成长过程中的压力和男性身份的社会化过程,他们没有学会如何以一种得体、耐心的方式面对暴露情感产生的羞耻感。而这种羞耻感又让他们没有安全感。因此，需求和脆弱感要么被否认，要么被最小化，且大都被藏在冷静的外表之下[克罗格曼（Krogman），1995]。表达情绪时产生的羞耻感同样极大地促进了紧张积聚，紧张积聚又引起愤怒升级，最终导致暴力行为。

暴力发作

紧张积聚和愤怒升级阶段持续的时间很长。暴力发生的时间相对较短，且与触发事件有关。触发事件可能是伴侣说了什么或做了什么，甚至是男人心中一个让自己情绪失控的想法。这些情绪又因人而异。有的人能感觉到愤怒水平急剧上升，而有的人花了很长时间压抑暴力行为，直到愤怒达到极点。在这一阶段，这些人进入了生存紧张模式。他们感觉自己身处险境，于是交感神经系统开始起作用，身体做好战斗或逃跑的准备。他们可能会出现血压升高、肌肉紧张、躁动不安、口干舌燥、出汗、呼吸困难或过度换气，甚至胃部不适等情况。交感神经系统的目标是保证"生存能力"不出问题，且它会作出即时反应，但不会顾虑后续的影响[布里德洛夫（Breedlove）和韦斯顿（Weston），2013]。这时候的思维是以自我为中心的，看不到别人的痛苦，也理不清社会关系和暴力行为可能会付出怎样的代价。大多数男性过后会感到羞耻、内疚和后悔,但是当和伴侣的互动中感受到威胁时,他们就会失控,无法保持理性、进行抽象思维和坚守道德。他们没法考虑周全,思维能力会下降,语言和信息处理能力甚至记忆力都会受限。他们调节情绪反应和行为的能力降低了,大脑专注于阻止外部威胁,而失去了激活认知系统来阻止失控的能力。

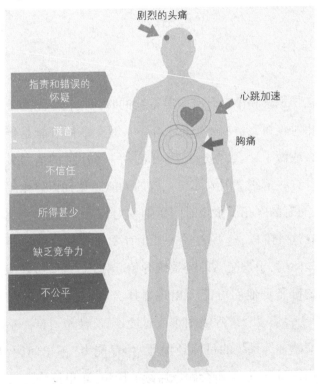

治疗对象情绪失控时身体感受

我在小组中使用上述图片描述,来帮助治疗对象识别身

体中的早期迹象。该图描述了治疗对象情绪失控时的身体感
觉:腹部区域活跃,感觉到胸痛、心跳加速和剧烈的头痛。吵
架的时候,他产生了不公平和不信任的感觉,还觉得伴侣对他
的指责是错误的,而且她不信任他。

愤怒的强化过程始于触发事件,失控的速度和调节愤怒
情绪的能力因人而异。患有复杂性创伤后应激障碍的男性很
容易情绪失控,而且难以调节自己的情绪。这也是他们逃避
人际关系的原因之一。他们也害怕陷入怒不可遏、不得已动
用暴力的境地,因为事后他们总会觉得羞耻和愧疚。

压力和冲突情形下的情绪管理能力

即便在触发之后,愤怒仍然是可以控制的,直到上升至无
法回头的状态。只要他们没有掌握情感调节的方法,他们在
面对失控时就会保持被动。于是,怒气一路"飙升",无法回
头,随之而来的就是不可阻止的暴力发作。无法回头阶段的
定义也因人而异。有人将怒气值达到高水平(图中数值7—9
阶段)定为无法回头阶段,有的人认为达到中等水平(图中数

值 4—7)阶段就已经无法回头。无法回头和暴力发作之间,有一个情绪上升阶段,施暴者会这样描述该阶段的感受:"我突然火冒三丈""我感到很迷茫""我感觉整个身体都在颤抖"。从这些描述可以看出,他们已经失控了,无法阻止自己。有的人说,他们在这期间会经历一种"游离性失忆"。至于暴力本身,又可分为表现型暴力和工具型暴力。表现型(情感型)暴力通常是为了表达沮丧和愤怒,工具型(目标导向型)暴力旨在通过恐吓和孤立的手段来控制受害者[基梅尔(Kimmel),2002]。紧张和愤怒在施暴者心中积聚,他们急切需要一个出口,这就是表现型暴力。此时"触发点"就像打开了一条"裂缝",紧张情绪通过它找到出路,然后演变成暴力。如果一个男人通过威胁妻子来阻止她外出,那就是工具型暴力,目的是通过恐吓来控制她的行为。这种行为是事先计划好的,与情绪失控无关。

暴力循环主要针对表现型暴力,它并不能有效解释工具型暴力的动态。表现型暴力的施暴者会对挫折作出情绪化的反应,而且会将各种情绪紧张化,直至崩溃。而工具型暴力的施暴者不会让情绪变得紧张,而是通过选择地点、时间和方式来慎重地作出反应。表现型暴力施暴者的孩子会比工具型暴力施暴者的孩子更容易受到暴力事件的影响。表现型暴力施暴者会后悔和自责,而工具型暴力施暴者会将自己的暴力行为视为实现目标的正当手段。

下方表格展示了表现型暴力施暴者和工具型暴力施暴者的区别：

表现型暴力施暴者和工具型暴力施暴者的区别

表现型暴力(情感型)	工具型暴力(目标导向型)
紧张积聚和愤怒升级的结果	动机驱动的结果
情绪失控	情绪在正常控制中、冷静
难以控制暴力发作	计划好时间、地点和方式
否定暴力行为	支持暴力行为作为解决问题的办法
有经历悲伤和后悔	经历实现目标的喜悦
容易缺乏分化感和产生较强依赖感	容易与人疏离和脱节
正常人格	具有反社会人格
以家庭暴力为特征	以亲密关系中的恐惧为特征

小组中最常见的问题是"什么是暴力"，治疗对象们时常不明白诸如大喊大叫、咒骂或说一些贬损的话算不算家暴。他们的伴侣认为这是家暴，可大多数男性不这么认为。在一个只是会大喊大叫、并不骂人的男人看来，骂人是暴力行为；而在一个惯于咒骂和威胁伴侣的男人看来，身体暴力才是暴力行为。有时候，掌握不好分寸就会变成暴力。这些男性很难将骚扰、跟踪和消极反抗暴力(比如反复控诉、轻蔑地沟通

或赤裸裸地忽视）视为暴力行为。因此，对这些男性进行干预，讨论什么是暴力事件非常重要。

给暴力行为下定义很复杂，因为暴力行为是涉及多方面的、各式各样的、且破坏程度各异。我记得有一名男子，因为妻子花了很长时间才收拾好自己，导致他们参加家庭活动迟到了，他就好几天没有和妻子说话；有一个男子把妻子的裙子剪坏了，因为他觉得不适合她；还有的在争吵中让妻子闭嘴，妻子不听，他就把门砸坏了；也有因为妻子要求把自己的名字添加到他的银行账户，就用锤子将操作台砸坏的；还有一个我们的小组成员，在妻子提出离婚后，想要拔刀刺向她。

暴力事件可以是言语暴力、扔东西、发脾气、身体击打、监视、电话骚扰、轻蔑的身体动作、挖苦、不和对方说话，等等。这些事件都会产生伤害性的、令人痛苦的结果。暴力事件的动机可能会发生变化。有些人的动机是伤害对方、让对方痛苦和实行报复；有些人的动机是发泄愤怒；还有些人的动机是阻止伴侣的行为，或者让对方按照自己的想法行事。了解暴力事件的动机、程度和类型，有助于我们弄清施暴者在面临无助或愤怒时的思维和行为方式。如此，我们可以判断出危险程度，也可以为每一个施暴者按需制定治疗计划。

平静期

虽然暴力行为具有破坏性,但不可忽视的是,它也可能带来即时的释放感和平静。暴力事件过后,施暴者的紧张感消失了。这个阶段,也就是平静期,消除了愤怒升级阶段积聚起来的紧张。据描述,施暴者会在这个阶段感受到放松、释放,甚至愉快和满足。暴力事件使施暴者从紧张积聚和愤怒升级阶段所产生的痛苦、焦虑和窒息感中解脱出来。其中交感神经系统会"攻击"有威胁的因素,将系统重置为稳定状态——一种虚假的精神平衡状态。

有些施暴者会因为找回失去的自我而感到高兴。他们中的许多人都极度敏感,而且易怒。他们会把没有恶意的话解读成漠视、羞辱和轻蔑。这些人的自我形象很脆弱。暴力事件可以提升他们的自我价值,而代价就是让他们的伴侣饱受羞辱。比如,他们中有一个人是这样描述暴力的:"当她哭的时候,我觉得自己是有价值的。当我击倒对手的时候,我觉得自己胜利了。"

快三十岁的罗伊(Roy)是奥芙丽(Ofri)的男朋友,他们在租的公寓里住了近一年。罗伊平时做一些兼职,没有稳定的工作。奥芙丽在一家律师事务所工作,承担着大部分家庭开支。在他们最近一次吵架中,奥芙丽对罗伊发脾气,因为他既不打扫卫生,又没有收入——罗伊就把她推倒在地。然后,他马上回自己父母家待了几天。我问他,暴力事件发生后,他是什么感觉。他提到,这件事竟然恢复了自己从前被奥芙丽踩在脚下的自尊。

暴力行为会让神经系统产生耐受性,就像吸毒一样。伤害重复的次数越多,平静期就越短。这是一种有可能上瘾的行为,因为施暴者能迅速借此获得情感上的解脱。他们并没有练习在无伤害的前提下调节情绪的技巧,而是试图以最便捷、最具破坏性的方式,获得短时的、不稳定的平静。他们获得的只是平静而不是和平,因为内在仍是不稳定的。大多数情况下,这样的平静过后,他们会经历一阵愧疚、羞耻和悔恨感。与此同时,他们的伴侣也会离开,不愿待在他们身边。一些女性即便在吵架之后的几天不能离开家,也不会允许伴侣靠近自己。这时,男性会经历疏远和拒绝,有的会沦落到睡客厅或者被逐出家门,有的甚至会面临伴侣的起诉以及随之而来的一切。

内疚与悔恨

对伴侣暴力相向的施暴者通常会在平静过后感到内疚和

悔恨。平静过后,他们意识到了自己行为的意义,以及对他人造成的后果。从经验来看,他们中的许多人都为自己的行为感到羞耻,因此他们才会否认或掩饰这些行为[史密斯(Smith),2007]。他们不说"我推了她",而说"我把她推开,她自己摔倒了";不说"我打了她",而说"我拉了她的手"。这些都说明他们对自己的暴力行为难以启齿。这种羞耻感让他们更难对自己的行为负责。矛盾的是,社会对家庭暴力的态度越强硬,如把它定义为犯罪行为而不是简单的家庭矛盾,施暴者就越觉得羞耻,也就越倾向于否认自己的行为。羞耻是一种具有破坏力的情感,包括自我否定:当一个人对自己和自己的行为感到羞耻,他就会觉得自己是个坏人、软弱的人。

　　近四十岁的查希(Tzahi)自愿来到这个小组寻求精神援助。他有一个饱受创伤后应激障碍折磨的父亲。据查希描述,他小时候非常活跃,有情绪和行为问题,在学校不断制造麻烦。每次发现他的这些行为,父亲都会打他。查希描述了这些年来自己遭受的暴力。此外,他的父母还告诉他,他以后会一事无成。由于遭受父亲的暴力,查希患上了创伤后应激障碍,一直以来经常对妻子和孩子们发脾气,进行言语攻击。但他更多是对那些惹怒他的陌生人暴力相向。查希尽量不让自己走出家门,因为他害怕伤害那些无辜的人。他对自己很生气,对自己的行为感到羞愧。他觉得自己是一个没有道德的坏人。

查希参加这个小组大约两年,我想方设法帮他树立积极的自我认识,但都没能成功。小时候,父母以他为耻;现在,妻儿以他为耻;连他自己都以自己为耻。羞耻感是在充满敌意和评判的环境中产生的一种情绪,它不仅无法促进改变,还会不断造成精神伤害,需要迅速得到缓解或释放。此外,这种羞耻感如果有内疚相伴,在极端情况下甚至会导致自我伤害甚至自杀。这可能是有些男性在杀害妻子后自残或自杀的原因。杀人后的解脱感变成了无法抑制的内疚和羞耻。

羞耻感基于对自我的否定性看法,而内疚与悔恨则是以承认对他人的伤害行为为前提的,同时消极地评估自己的行为[坦尼(Tangney),1991]。内疚是痛苦的结果,它是由于伤害行为背离了个人持有的道德准则而导致。内疚是对行为本身的一种消极看法,它产生的前提是施暴者对自己的行为负责。如果一个男性在伤害别人后感到内疚和悔恨,那么他是有可能改变的。因为我们都会不同程度地伤害亲近的人。从辩证法的角度看,对施暴者的暴力伤害行为持共情的态度,有助于促进其改变。

治疗对象和治疗师都认同保持内疚感往往能让自己处在一种舒适状态。如此,那些被认为不那么合理的情绪,比如对受害者的愤怒、被背叛的感觉、无助和失落,就不能得到消化和处理了［莱文杰（Levinger）和所罗门，2006］。如果不能将整个情绪变化过程辩证地理解，治疗就只会维持在情绪分裂状态。因此，治疗要超越内疚，转向愤怒和脆弱，而且要带着同情的态度。

这些年来，对于男性治疗对象的暴力伤害行为，我给予了极大的同情。我无数次告诉他们，我否定一切暴力行为，但我不是法官。作为小组的引导者，我允许他们将敏感范围扩大到自身，这样就能增强他们对自己和其他小组成员所犯错误的共情——即便这些错误是具有破坏性的。培养对自己的同情心，有助于他们在愤怒的情况下处理好亲近的人所犯的错误。因此，同情能够将诸如内疚和愤怒等不愉快的感受转化成一种负责任的观点，从而促进改变。

然而，后悔是一种能让内心平静下来且不承担任何改变责任的行为。大多时候，在小组中表现出后悔情绪的男人，都很难向受害者道歉，即便受害者就是小组中的一员。他们一方面对自己的攻击行为感到愤怒和自责，另一方面又难以放弃自己的斗争立场。在他们看来，道歉就是示弱，将来对方就会利用这一点伤害他们。当我给他们提供道歉机会的时候，有的人会要求双方都道歉。要打破暴力循环，光对自己的行为负责是不够的。男性要切实履行改变的义务，不畏困难，努力作出改变。

蜜月期

暴力循环的最后一个阶段,是希望通过补偿再次亲近伴侣。这一阶段常被称为蜜月期。这是一个相对平静的阶段,双方(大多是男方)都在尽最大努力打造一种作出改变的强烈意愿和对这段关系充满希望的氛围。为了消除内疚、孤独和害怕被抛弃的感觉,双方都渴望变得更亲密。

罗恩(Ron)和阿德瓦(Adva)在一起两年了。阿德瓦比罗恩大四岁,她离异,带着一个孩子。罗恩难以接受阿德瓦教育儿子的方式,并责怪她爱儿子多过他。独立纪念日那天,罗恩和阿德瓦吵了一架。阿德瓦想在家陪儿子,不想陪罗恩去参加派对。罗恩对她大发雷霆,还骂她,把她推到墙上。他还把阿德瓦准备的满满一锅食物倒进了下水道。这件事后,阿德瓦对罗恩心生畏惧,于是带着儿子回到了父母家。她不接罗恩的电话,也不回他短信。第二天,罗恩出现在她父母家门口,向她道歉,称自己很爱她,保证不会再发生类似的事。阿德瓦同意回去。回去后罗恩为她准备了一个惊喜,邀请她出国过周末。那一周都是她的父亲帮忙看孩子。

很多夫妻之间的日常冲突会升级成吵架,随后男人又会为自己的行为感到难过和内疚。在罗恩的例子中,补偿表达了他为自己的行为赎罪和消除愧疚感的想法。阿德瓦的离开让他感到焦虑,他害怕失去她。从这个意义上说,道歉和补偿也是他平息恐惧(害怕被抛弃)情绪的一种方法。小组成员们无数次地表达了在暴力事件后想要和伴侣亲近的共同愿望。同时,他们的伴侣也会感受到难以抑制的情感疏离和孤独感,而且她们也愿意相信他们会兑现承诺,不会重复暴力行为。此外,暴力也会激发受害者的焦虑情绪,让她们无处缓解。阿德瓦需要时间来整理思路。罗恩就第一时间采取行动,取悦她,以减轻自己的焦虑。于是,那个焦虑、痛苦、需要情感支持、承诺再也不会使用暴力的男人,遇上了那个困惑、情绪无处释放、难以理性思考的女人。双方的内心状态促使许多女人回到男人身边,继续这段关系。

亲密关系中的暴力具有二元构成的特征。它并不是陌生人之间的暴力,能够分清攻击者和受害者。即便伴侣对于争吵和暴力事件的升级没有责任,吵架的时候男性也会觉得她们有责任。他们的伴侣常常会内化和认同这些信息,甚至因为冲突升级和暴力事件责怪自己[亨宁(Henning)和霍尔福德(Holdford),2006]。矛盾的是,对她们来说,为暴力事件负责,让她们产生了能让这段关系获得改变的希望。这让他们的伴侣以一种错误的方式,拿回了对关系的一部分控制权——她们愿意相信,如果自己作出改变,暴力事件就不会再发生。可事实并非如此。亲密关系中的冲突和紧张永远不会停止,如果她再次惹他不高兴了,他就会再次生气,暴力事件又会再次发生。他不愿也没有能力控制自己的愤怒,所以促使紧张积聚和升级,直到暴力发作。

就连我也希望罗恩能从这次错误中吸取教训。当这些男人分享他们的暴力经历时,我感觉自己很失败,好像我不是一个好的治疗师。尽管我知道改变并非易事,许多人会中途退出,但作为小组的引导者,我一直希望通过治疗帮助像罗恩这样的人一劳永逸地终止他们的暴力行为。当他们分享他们对伴侣的暴力行为时,我感觉我在某种程度上让他们的妻子失望了。作为治疗师,要对罗恩的行为产生共情,我必须先对我在影响和改变小组中男性行为方面的无能为力感产生共情,并消除我在他们行为中应承担的责任。此外,当听到男性分享他们的暴力行为时,我常常发现自己的愤怒会冒出来。就像罗恩在说的时候一样,我也不自觉地想要压制和减轻这些不愉快的感觉,从而相信他已经从暴力事件中吸取了教训——这真的是最后一次了。

从罗恩的例子可见,小组治疗的力量显露无遗。其他组员阻止了罗恩和治疗师被不切实际的"改变"的希望冲昏头脑。一些小组成员质疑他那容易失控的情绪管理方式,他们不相信罗恩的承诺。其中一个小组成员甚至特意对罗恩说,他不明白罗恩为什么来到这个小组，他说："你已经参加小组八个月了，但好像什么也没有学到。"对于罗恩的行为，我很难说出如此直接的想法，但小组成员们采用了一种我称之为"现实原则"，直接粗暴地告诉罗恩他们的看法。这是我作为引导者很少看到的东西，即便看到了，我也不敢说什么。小组成员们的做法帮助罗恩看清蜜月期蒙蔽了他和阿德瓦的双眼——在这段时间里，彼此都感觉更加亲密，并回忆起当初为什么在一起。两个人心中充满了希望，暂时被快乐的感觉蒙蔽了双眼。这就是女性舍不得离开和暴力循环得以重复的原因之一。

暴力循环清楚明了地描述了亲密关系中暴力发生的动态过程，甚至更广泛地阐明了亲密关系的动态变化。人际关系中充满了残忍、邪恶和暴力［朱克斯（Jukes），1999］，暴力存在于每一个人身上，存在于亲子关系、雇主与雇员关系、社交场合的人际关系中，无处不在。暴力行为跨越地域、阶层和性别的界限，存在于一切亲密的关系中。我了解到，我自己也并非没有攻击性和暴力行为。我不止一次因为说了伤害小组成员的话而感到内疚和后悔，我为这些话向他们道歉。我还意识到，我持有的批判性观点也会积聚紧张情绪。有几次，小组成员因为一句话或一次行为，招来我傲慢而伤人的批驳。暴力无处不在，程度各异，没有人能免受暴力行为的影响。从这个意义上讲，暴力循环可以作为解释一切关系中暴力动态的模式。我们每个人的内心都可能积聚紧张和愤怒,都可能用暴力表达自己,会感到懊悔,进而设法补偿自己给他人造成的伤害。

沃克将暴力循环视为一种心理学阐释,解释为什么女人会和伤害她们的男人在一起,也就是她所说的"受虐妇女综合征"(Battered Woman Syndrom)。然而,该理论只将解释范围局限在男性的心理构成上,并主要解释了表现型暴力,而没有考虑到受害者一方的心理构成——它也可能促使争吵升级成暴力行为。我们还可以通过暴力行为、缺乏自信及使用包括隐藏、保守秘密和撒谎等生存策略来确定受害者在情绪调节方面的困难。此外,女性还会出于经济原因和害怕拆散家庭、不想让孩子们承担代价等原因选择继续维持关系。她们心里清楚,就算分手了,男人还会继续纠缠,或者因为她们害怕暴力行为会升级,甚至害怕自己有生命危险。有时候,女性在决定分手时缺乏来自家庭或社会环境的支持,等等。

此外,该模式没有考虑到任何社会和文化因素。比如,伊斯兰家庭文化背景下的暴力和谋杀,更多是受到整个家庭的意见、压力和成员们支持与否的动态影响,而不是暴力循环的影响。

30多岁的陶菲克(Taufik)在威胁妹妹说要杀死她后加入了这个小组。在受到威胁后,陶菲克的妹妹立即起诉了他,他随即被逮捕。事情是这样的,妹妹遭遇家暴后想要离婚,陶菲克的父亲就派他去威胁妹妹,让她改变离婚的想法。在小组会议上,我们才知道,陶菲克并不是有意伤害他的妹妹,他的行为甚至与他的个人信念截然相反。据他所说,兄弟们给他施加的压力是他做这件事的动机,而且他希望尊重父亲的意愿。

陶菲克的案例表明,暴力行为产生的原因复杂多样,很难用"暴力循环"这一模式来概括。尽管如此,沃克还是让我们看到家庭暴力和针对女性的暴力已经成为一个社会问题。该理论描述了导致男性暴力发作的心理过程,它对诊断和治疗亲密关系中的施暴者仍然起着重要作用。

第三章　男性的群体治疗

　　对亲密关系中的男性施暴者的治疗开始于20世纪70年代。以色列最早的两个男性治疗小组成立于1986年。与此同时,基于对该问题的不同看法和理解,世界各地研究出了三种不同的干预模式:女性主义模式、认知—行为模式和"以家庭为一个系统"模式[贡尔多夫(Gondolf),1997]。女性主义模式的观点基于两个假设:暴力是通过强迫达成控制的工具,暴力是通过恐吓和控制来维持等级和优势的工具(多巴什,1999)。以强迫方式控制妇女不仅表现为肢体暴力,还表现为心理暴力,包括威胁和恐吓、经济上的暴力和孤立。女性主义模式的方法是以社会学习理论为基础,该理论认为男性施暴者的暴力行为是个人通过模仿和实施而习得和强化的、性别化的社会行为(班杜拉,1973)。治疗亲密关系中的男性施暴者最常见的方案是使用女性主义模式,又称为"德卢斯方法"(Duluth method,也称家暴干预计划、DAIP 或彭斯模式)。这一模式旨在减少针对女性的家庭暴力,男性可从中了解暴力的循环,以及对待不平等观念的方法,并学习以平等的方式解决冲突(彭斯和佩马,1993)。

相反,认知—行为干预模式是基于社会学习理论和行为理论(Behavioral Approaches)来改变行为的方式[汉伯格(Hamberger)和劳尔(Lohr),1989]。这个模式不涉及社会与文化的关系,而是针对那些引发暴力行为的自动思维和思维扭曲。该模式基于认知、情绪和行为之间的联系,并通过心理说教方法来实行。这种方法挑战了认知,也尝试着扩大认知范围。此外,为了阻止暴力行为,该模式为施暴者提供了沟通、树立自信的技巧,解决问题的工具,调节情绪、分散注意力、保持冷静的方法,等等。

与女性主义模式和认知—行为模式不同,"以家庭为一个系统"模式将家庭视为学习过程的关键。按照这种方法,暴力行为是在家庭内部作为正常和合理的行为习得的,这种行为得以保持,每个家庭成员都有责任。这样的暴力环境处在一个循环中,每个家庭成员既是受害者又是攻击者[罗森鲍姆(Rosenbaum),2002]。这种介入治疗模式是系统性的,以一级和二级变化为基础[瓦兹拉威克(Watzlawick)等人,2011]。一开始,家庭成员都要学习如何面对他们之中的受害者和攻击者,然后沟通技巧改变自己的控制模式。治疗是夫妻双方或整个家庭一起参与的过程,每个家庭成员在干预过程中都要倾听和分享。

1986年,格利克曼-纳马特预防和治疗家庭暴力中心根据动态支持模式在以色列成立了第一批小组;11年后,我所在的小组成立,这是一个开放式小组。头几年,参加小组的期限没有任何限制,有的人在小组里待了五年之久。后来,参加小组的时长限制在两年内。小组中使用的干预模式包括一种心理说教方法,通过这种方法,改变他们对关系尤其是亲密关系以及暴力行为的观点和看法。在行为层面,治疗对象通过他人的经验、方法和人际互动发展了社交和沟通技能。我们还使用了心理动力学的方法和讲故事的方法,在过去、现在和未来之间建立联系。使用这种方法的前提,是男性对于自身和女性的看法是基于童年早期的生活经验形成的,包括在家庭和周围环境中,尤其是存在创伤、暴力和忽视的环境。这个小组是处理童年创伤的安全之处,成员们可以在这里面对和疗愈他们的童年创伤。小组旨在恢复小组成员失去的信任感,增强其维持一段相互尊重的人际关系的能力,针对小组成员的心理需求,心理治疗小组可以更灵活处理[布朗恩(Browne),1997年]。此外,小组也可作为相互支持和结识新朋友的地方,成员们每年都会有两次户外旅行。

男性接受群体治疗的根本原因,是他们会把治疗小组当成一个熟悉的环境。他们出生在群体中,一生的大部分时间都在群体互动中度过,他们通过群体互动认识并了解自己。从这个角度讲,群体治疗更接近这些治疗对象的现实生活,相当于他们在日常生活中进行自我管理的一个缩影。作为群体治疗的一部分,即便治疗对象只是被动地待在那里,群体生活也可以让他们通过他人的经验,接触到各类情形、行为模式和处事方式。此外,其他治疗对象的存在能让他们从引导者之外的其他人那里得到反馈和评价。小组的力量在于每个人都能分享自己的故事并从与他们有同样困难的人那里得到反馈。来到治疗小组后,成员们的互动一开始会面临彼此的心理防御。常见的困难多与他们各自的沟通方式有关,或者与否认新成员的暴力行为和看待新成员暴力行为的方式有关,同时要求他们为自己的行为负责。

这样的小组让成员们感到自己并不孤单,让他们觉得还有其他"像他们一样"的人存在,这反过来使他们能够应对因参加治疗而产生的羞耻感,并且得到支持和产生归属感。此外,治疗小组还能培养友谊,促进互助。群体治疗的另一大优势在于,能将亲密关系中对伴侣的依赖感转移到与其他成员之间的关系中。一些参加治疗小组的男性称,他们在亲密关系中有破坏性、依赖性的需求,而治疗小组是一个"过渡体",在小组中,他们的依赖性需求可以通过非破坏性的方式表达出来。另外,结识小组新成员让他们有机会体验人际交往。

这种人际交往作为小组的一部分,让他们锻炼了应对焦虑和愤怒的能力,学会分享对朋友的关心与关爱,表达他们的感受和解决冲突,培养了积极的倾听技巧,并且得到了反馈。他们应对嫉妒、竞争、疏离感——所有这些都在小组这样一个安全的地方进行,而且还有一个允许和促进他们学习改变的引导者。

男性小组

"给他们足够的时间,他们会把我们变成同性恋。这个小组是干什么的? 我不清楚。"这是其中一个小组成员的反应。寻求帮助、分享个人经历、放弃控制感、展现和表达弱点、表露情感、直面冲突——这些都与大多数男性在社会生活中所学到的东西不相符。在现实中,他们学到的是否认自己的需要,让别人知道他们自己可以应对;他们学到的是压抑自身的情感——大都是会暴露弱点的情感,避免去表达这些情感。对他们中的许多人来说,承认自己的依赖需求会让他们感觉不舒服。他们认为依赖是一件不好的事,是独立和自给自足的对立面。此外,我渴望加深小组成员之间的亲密关系,以及他们和我之间的亲密关系,但这不止一次引发他们的焦虑和"逃跑"欲望。

一般来说,男性治疗对象——尤其是群体中的,是心理治疗领域的一大挑战(布鲁克斯,1998)。如果不与他们的男性身份"对话",就无法有效地治疗他们。作为男性治疗小组的引导者,我认为男性气质是一种无声、无形的东西,它影响着治疗对象的生活和经历,决定着小组的特点,影响着关系变化的过程。随着时间的推移,我越来越清楚自己需要做一个性别敏感的引导者,以同理心看待男性在治疗环境中的困难,并使用有效的工具进行干预[恩格拉-卡尔森(Englar-Carlsen),2006]。

熟悉的环境:虽然男性在治疗中会遇到困难,但大多数男性在成长过程中都加入过球队、工作团队或宗教团体,所以,他们是习惯于群体生活的。他们在群体中竞争,但也会为了共同的目标团结起来。男性群体的独特之处在于,它们的存在通常是为了完成一项任务,而不是为了聊家长里短。这些群体以成员之间的竞争为特点,无论是公开的还是隐蔽的。它们通常在任务完成后就解散了,成员们往往不会继续保持联系。所以,一个旨在解决精神问题,让他们从正面暴露自己和谈论自己的困难与痛苦的小组,对他们许多人来说是陌生的,甚至是很难加入的。然而,对他们大多数人来说,加入一个小组的方式总比一对一的治疗方式更熟悉和能接受。对他们中许多人而言,个体一对一治疗强度大、会造成不便,还会引起他们的防御[克鲁格曼(Krugman),1998]。有一个小组成员在告别会上说,虽然他刚加入小组时很害怕,但比起个体治疗,他还是更喜欢群体治疗。据他所说,相比之前参加的个体治疗,群体治疗能让他倾听像他那样的人的表达,因为此时他可以像一个学生在参加心理教育课程,而不用说话。

"恐同症":"恐同派"是一种旨在维持男子气概的社会和文化组织,主要存在于男性治疗小组中(基梅尔,2004)。他们之所以强调男子气概,其实是害怕其他男性发现自己隐藏在面具之下的东西[波拉克(Pollack),2006]。这一点在治疗小组的男性中也表现得很突出。他们任何时候都得展现男子气概,因为害怕被认为"太娘"。所以,这样一群为解决精神问题和治疗苦痛而走到一起的男性就站在了男子气概的立场上,并表现出强烈的"恐同"情绪——同时也向其他成员提出了同样的挑战。

　　我在一次专业研讨会上认识了瑞秋(Rachel),她是一名运动治疗师,听说我是一个男性心理治疗小组的治疗师后,她建议我用鸡尾酒疗法(Rio Abierto approach)——一种运动和舞蹈融合的方法,对组员进行一次治疗。我很清楚地告诉她,这是一群"难搞"的人,我不确定这是否行得通。可她并不害怕,一周后,她带着音乐、适宜的灯光、水晶和垫子来了。一开始,伴随着舒缓的音乐,我们在房间里慢慢地移动。然后,音乐变得越来越快,我们的动作也变得越来越有节奏、越来越自在。到了下一阶段,瑞秋要求我们组队跳舞。再之后我们背靠背坐着。持续90分钟的课程快结束时,她把垫子铺在地上,我们所有人或坐下,或躺着。有些人很自然地把头靠在其他男性腿上。然后,我们在一起聊天,分享了觉得尴尬的事、体验过的亲密感,还有从未体验过的跳舞带来的快乐,还分享了怕别人觉得自己"太娘"的担忧。可当我问他们是否愿意加入一个融合跳舞和运动的小组时,他们都作出了否定的回答。

"恐同症"不只是对同性恋者和同性恋的非理性的恐惧,或者害怕被定性为同性恋,它是一种对"女性化"的持续恐惧。担心自己"不是个男人"——不够强大、没有成就感、没有竞争力、"娘娘腔",总之就是"女性化"。大卫·莱维伦茨(Leverenz)指出,男性所采取的关于"男人应该是什么样"的立场,主要是通过其他男性或男性权威的视角确定的(莱维伦茨,1991)。就连我也不得不面对"恐同症"的立场,除了其他事情外,还要抑制小组成员的痛苦和脆弱,以及我对改变过程的可操作性和有效性的过度期待。其中一个因为离婚而表现出痛苦的男人对我很生气,因为他觉得我没有给予他足够的空间,也不能理解他需要时间从家庭破碎的阴影中走出来。像小组中的男人们一样,我也不得不面对自己的"恐同症"想法。

据芭芭拉·埃利奥特（Barbara Elliot）所说，在群体中的经历会不自觉地唤起我们胎儿时期在子宫里的记忆（1994）。每星期围坐成一圈，在一种共情的氛围中——为感受温情和成员们获得成长与发展的能力创造一个潜在空间，这让人联想到子宫和女性气质。此外，存在于小组中的依赖关系——尽管被一些成员否定，也让人联想到亲子关系，主要是婴儿期的母子关系。对小组中的许多男性来说，依赖他人（主要是依赖引导者）的经历一次又一次地挑战着他们的"恐同"焦虑，让他们想否认这种依赖。从蹒跚学步的时候开始，男性就希望摆脱一切自发的关于自身需求的表达，并防止可能被解读为女性化的行为，这发展成一种对"女性气质"以及使他们内在的"女性化"呈现出来的焦虑。因此，男性气质源于对女性气质的否定，而不是源于对男性气质的肯定，这使得男性身份很不稳定。

治疗小组是同时展现男性气质和挑战男性气质的地方。从这个意义上说，心理治疗（只和男性一起待在治疗小组里，治疗对象和治疗师之间还有着不平等的依赖关系）可能导致"恐同"焦虑。因此，治疗师需对男人间的亲密关系和治疗师自己的"恐同"经历——这样的文化背景保持敏感，并在小组中公开应对［谢尔（Scher），2005］。

女性的缺席：女性的缺席，有利也有弊。如果有女性在场，就可能促使一些男性假装好好表现，从而让他们的行为失去真实性。另外一方面,没有女性参加,就杜绝了男女治疗对象之间的性紧张(男性之间也存在性紧张,但这种情况很少见),这种紧张可能延伸到小组以外。这种紧张使得男女治疗对象都没法好好处理他们遇到的困难。同性小组"允许男人说话",他们在谈话时不需要过度敏感:比如他们可以谈论性和性相关的问题,其中一个问题是解决性需求方面的费用(有些治疗对象会去找妓女),还有的人会谈论缺乏性欲的问题。小组中的问题尤其针对男性经历,比如男人之间的信任、竞争、情感交流、脆弱性、父子关系、充当勇士或展现男子气概的必要性、男性姿态和伪装、父亲角色、男人之间的友谊、女人的失望和对女性的暴力等。

虽然女性的缺席有一些好处,但男人在现实中是和女性生活在一起的,他们始终要面对涉及两性关系的问题。治疗小组内部的互动与男性的日常互动完全不同,所以,治疗小组不太可能完全是现实处境的缩影,我们也不可能第一时间处理他们在两性关系中遇到的问题。如果有女性加入,她们也可以作为男性行为的镜子,让他们得到更具体的反馈。此外,在涉及两性关系方面,女性可能会暴露或指出男性没有意识到或者想要隐藏的东西,比如男性的优越感和凌驾于女性之上的傲慢、日常贬低和伤害女性的言论、和女性交往时自诩的特权,以及在亲密关系中表现出的焦虑等。假设女性比男性拥有更好的沟通和共情技巧,那么她们可以推进小组成员之间建立亲密关系、缩短心理距离的进程。

归属感：同性小组能让男性体验到基于相似性带来的归属感（拉比诺维茨，2005）。他们拥有相似的身体和相似的社会化过程。当遇到两性关系问题时，他们能够理解彼此，同样都面临工作与家庭之间的冲突。他们中的许多人和父亲之间的关系都存在未解决的问题。他们都有性欲和其他相似的身体感觉。他们中的许多人面临育儿方面的问题，还有一些人在刑事诉讼方面的问题上，对犯罪行为的定义有着共同的看法。此外，他们在人际沟通技巧上也有相似之处。他们不怕竞争和相互攻击，总是忙于提供建议和寻找解决办法。他们之间的沟通直接粗鲁中带着幽默。在情感层面，参与者们带着共情互相支持，这意味着他们从"他应该做什么"而不是从"他感受到了什么"的角度来看待对方。男人们会给予彼此意见和建议，以解决问题［列万特（Levant），2005］。知道有更多的男人和自己一样，知道自己并不孤单，知道这个群体接受自己，有时甚至认同自己，就会形成一种支持、理解和同情的积极循环。

男人之间的信任：许多男人都经历过来自其他男人的伤害，包括他们的父亲，当他们来到这个小组时，他们信任其他男人的"根基"已不稳定。男人们在现实中的交流和相处，是以竞争和怀疑为特征的。参加小组的许多人会觉得难为情，不曾与朋友或家人分享自己面临的危机。因此，即便有朋友和家人在身边,他们也会觉得孤单。在加入小组之前,这些人忙于工作和照顾家庭,没有时间停下来放松自己,甚至没有时间与别人分享自己的困难。刚加入治疗小组时,有些人很难抽出时间参加活动。尽管如此,他们还是可以停下来,放松自己,重新建立对其他小组成员的信任,这种信任对他们而言是一张"安全网"。加入治疗小组为治疗对象创造了一个重建对其他男人乃至其他人的信任的潜在空间。日常生活中能让他们自由地表达痛苦、愤怒和悲伤的场合很少。作为引导者,让他们感觉安全,愿意说出自己心中所想,这一点非常重要。要让他们明白这是一个能容纳愤怒、复仇思想、哀悼、痛苦和无助的地方。一个小组成员失去了兄弟,当他和其他成员分享他和兄弟之间的复杂关系时,得到了他们温暖的拥抱。有些成员回忆起暴力行为之后的创伤经历,会放声大哭。在这里,成员们可以谈论被起诉后的监狱生活,以及第一次和罪犯待在一起时的惊慌和恐惧,还可以谈起和他们失去联系的儿子。这些谈话内容,在其他任何场合都无"容身之地"。治疗小组尊重他们的所有经历和问题。

揭秘:参加治疗的一大难题就是害怕被揭秘。男人越自信,越愿意暴露自己的弱点。所以在让他们建立信任后,治疗小组的下一步工作,就是曝光弱点。男人需要变得非常自信才敢于坦露自己。大多数男人只会在女性——尤其是在母亲面前分享和坦露自己。因此,在全是男性的治疗小组中坦露自己会引起焦虑,这个过程需要逐步推进。一开始他们会对此很犹豫,时间久了,焦虑消失了,自信就增加了。当他们最终鼓起勇气坦露自己时,将会是一次高强度的情感体验。坦露自己既是分享痛苦,又是战胜焦虑。尽管如此,仍有一些男人害怕分享、难以分享。许多时候,他们无法用语言描述自己的感受。在加入小组之前,他们的语言就是行动:他们用身体和行动代替语言。比如,他们心情低落的时候,会切断一切联系,把自己关起来,沉默或者消失,喝酒或者吸毒;他们生气的时候,会愤怒地大喊大叫;他们性欲旺盛的时候,会试图亲近女性、争取性接触;跟伴侣吵架之后,他们会亲近伴侣,试图通过性爱和好;他们产生爱意的时候,会买礼物。这意味着许多男性的情感是通过一系列行为而非语言来表达的,所以刚来到小组时,他们不习惯谈论自己内心的想法,甚至努力避免这样做。

作为小组的引导者,如果组员们因为悲伤难过而不参加小组会议,我会很挫败。他们并没有把小组当成一个分享心理状态的地方,而是宁愿一个人,深陷孤独之中。如果他们在会议开始前告诉我他们不参会,我会坚持让他们来和其他成员分享他们的心理状态。有时候,一些治疗对象会在会议开始前几分钟找到我,和我分享他们正面临的吵架事件或危机。我仍然会坚持让他们和其他小组成员分享他们正面临的困难。我会在会议的开头先告诉大家,某个小组成员有话要讲。

因为我知道,如果我不这么做的话,他可能就不会分享了。

正如你所见到的,自我坦露对他们来说是一大挑战。这就要求我做一个积极的引导者,为他们创建一个安全的环境,鼓励他们加入,哪怕他们害怕这么做。

合理化:男人必须掌握控制权,合理化处理是实现其控制目的的最好方法。小组中那些担心失去控制权的男性,执意要以某种模式来安排现实生活。这不止一次引发了治疗对象之间的争吵。他们想要了解的更多,但愿意"谈论"的更少。他们更喜欢听人说教,而不是自我坦露。尽管如此,当理性的争论失败而不再有效时,治疗就开始了。在这种情况下,他们会产生疏离感和缺乏方向感。为了将遇到的困难串连起来,使它们的出现变得合乎逻辑,他们常常寻求解释和要求进行说明。同时,他们很难采用理性、非情绪化、矛盾和辩证的思维方式。对有些人来说,暴力行为表明他们意图制造不确定性:"我查她的手机,看她有没有和其他男人聊天。""我不会让她整天和她姐姐聊天。她是怎么跟她姐姐说我的?"

如果合理化能解决问题,治疗对象们就不会来参加治疗了。治疗师的角色是帮助那些处于模糊和不确定状态的男性,感受随之而来的情感体验,而不是急于提供解决方案,也不用担心他们正在"感受"的事实。

开放式小组

刚进小组的新成员最常说的一句话就是"我不知道该说点什么"。新人刚加入时,会被要求做自我介绍——这对他们来说是个尴尬时刻,因为他们不得不和别人分享自己来这里的原因。他们报上名字后,通常会扭头看着我,然后我指引他们接下来要说什么。许多人在第一次课上都会觉得尴尬。在没有人斡旋的情况下,他们中许多人都宁愿保持沉默。小组成员们都明白参加第一次课前的焦虑,也明白他们要扮演的角色:提问和安慰。我会先问几个关于新成员婚姻和工作情况的基本问题,然后询问他为什么来这里,再祝他好运,并告诉他来对地方了。

欧文·雅洛姆(Irvin Yalom,2002)指出,治疗对象第一次参加群体治疗,本质上是一次陌生而可怕的互动。一个完全没有经验的新成员,通常会害怕小组的"威力":小组压力、亲密程度和整体强度。提供缓解焦虑的方法,明确治疗过程的指导方针,对于群体治疗都至关重要。

如前所述,大多数小组成员都不是自愿参加的,但是他们在第一次课上会遇到其他喜欢参加的人。在加入小组之前的介绍性对话中,他们表达了对见到其他治疗对象的害怕。他们害怕被迫坦露自己,尤其害怕加入一个被贴上暴力标签的小组。作为小组的引导者,我觉得有必要保护新成员。我很清楚,他们到了一个陌生的地方,我必须引导他们。指导一个开放式小组的优势之一在于,我是那里面资历最深的人。小组存续的时间越长,我对它的情况越清楚,这有助于我为新成员找到他们在小组中的位置。相比短期小组(封闭式的短期小组),我作为开放式小组的引导者,占据着核心位置:我保持了小组的传统和它的机制;我有丰富的知识,可对涉及小组关系的问题作出决策[肖勒(Scholer),2006];除了作为小组的引导者,我还有责任设法让小组长期存在。不像短期小组,从始至终都是同一批治疗对象,在一个开放式小组,我是"大海",参与者们是"海浪"。他们像海浪一样,突然出现在小组中,然后在某个时间退出。他们的加入有始也有终。引导者和他们不同,只有开始,没有真正意义上的结束。此外,引导者像大海一样,容纳各种各样的海浪。它们有的平静,有的高高腾起,有的安静,有的乘着风暴翻腾而来,再慢慢退去,还有的悄悄地来,然后再变得湍急。每一股波浪都有自己的持续时间。开放式小组的参与者们像海浪一样,来去自有时。有的参与者会待上三年之久,有的上了几次课就离开,而小组一直都在。

开放式小组和短期小组有着本质上的区别。对于新成员、老成员和引导者来说,开放式小组都有一些优势。治疗对象到中心寻求帮助,中心会立刻安排一次新人会议,随后他就正式加入了治疗小组。因为小组是现成的,所以大多数情况下,新人加入小组几乎没有等待期。这一点非常重要,尤其对那些因为感情危机或伴侣的威胁而参加治疗的人来说,他们需要尽快解除当下的两性关系,而长时间的等待可能会影响他们参加小组的动机或让他们改变主意。开放式小组的第二个优势在于,在治疗初期,资深成员会为新的治疗对象树立榜样。我记得有个男人在刚开始几次课上说,小组中的另一个治疗对象为他树立了榜样,他想像他那样改变自己。开放式小组的第三个优势是,治疗对象想待多久就待多久,直到自己和引导者认为合适了才离开。因为他们对自己的求助需求,对自己与引导者之间、与其他治疗对象之间建立信任的需求,存在矛盾心理,所以治疗这些施暴者是一个长期的过程。真正改变的过程只有在建立起治疗联盟和发展出一种情绪性语言之后才会开始。西格蒙德·亨利·福克斯(Siegmund Henri Foulkes,1964)认为,开放式小组是一种比短期小组更"自然"的群体形式,因为它模拟了一种更接近个人日常的群体相处状态。福克斯将这种类型的小组称作"慢开放小组"。这可能是因为治疗对象可以按照自己的节奏走向改变,而不用担心治疗随时可能结束。这其实更接近于个体化治疗,在大多数情况下——除了短期治疗,个体化治疗没有固定的疗程数。此外,开放式小组的独特之处在于,之前离开的治疗对象随时可以回来。事实上,也确实有离开后又返回来的治疗对象。

对于资深治疗对象来说,新治疗对象的加入给他们创造了为别人提供帮助的机会。迎接新成员可以让小组原有成员看到希望,平息焦虑,也让新成员体验到群体的归属感。此外,新成员还可以作为老成员进步的一面镜子(福克斯,1948)。我发现新成员的加入仪式对治疗有很大的意义,它创造了一种"静态"的小组形象;我们还能通过老成员的自我描述,看到他们的进步。这种意义也表现在老成员帮助新成员能力的提升上。从摩西和丹尼的案例中,我们可以了解到经验丰富的老成员对改变过程的见解:

丹尼是一名小组成员。来到这个小组大约六个月后,他分享了自己愤怒的原因:他的妻子希拉去他父母家吃完饭后还要打包——带走了一些面包。回到车里,丹尼把面包扔了,还当着女儿的面骂了希拉。他对成员们说,希拉不尊重他,然后,另一个小组成员摩西(他当时参加小组已经到第三年)对丹尼说,他是"被困住了"。他认为,只要丹尼专注于讲述希拉的行为带给他的感受,他就无法专注于讲自己的故事:他为什么会生气,为什么会觉得这种感觉难以忍受?希拉没有回应他的请求,触碰到了他什么层面的痛苦?在丹尼说完后,摩西站起来,俯下身,指着地板分割线继续说:"看地上,你就是这条垂直线。你站在垂直线上,不肯转向水平线。只有当你选择通过了这个点,你才能开始治疗,开始谈论你自己和发生在你身上的事,而不是谈论希拉对你做了什么。所以说你现在被困住了。"

这个案例表明了老成员在维护小组传统方面的重要性。摩西认为,不是外在的刺激因素控制着治疗对象作为主体的行为,而应该是主体控制着自己的行为,而且为了改变现实,他必须检查自己的动机。摩西建议丹尼对自己的行为负责,并找出错误所在——这种诊断是小组治疗取得进展的重要前提。新成员的加入消除了老成员对小组解散的担忧。其实,开放式小组的参与者需要担心的一点,是小组中治疗对象人数的不稳定,因为不断有人离开。有时候,小组只剩下五个人,他们每个人的存在都非常重要。那时候就能感觉到小组成员的焦虑,每个成员都声称希望有新成员加入。

对我这个引导者而言,开放式小组的优势在于,不用每次都成立一个新的小组。小组的开放性过程要求我们找准需求,招募和面试新的成员,以及解决新成员的矛盾心理。对于新成员而言,这些都只需要进行一次。另一个优势是可以吸收新成员进组。接收新成员是在其他小组成员的帮助下进行的,他们就像引导者的一张"保护网"。有时候,我会在新成员加入的第一周内让老成员给新成员打电话,以便在后者面临严重危机时得到及时鼓励。最后,因为小组没有结束日期,我就能够营造一种治疗对象能适应的宽容的治疗氛围，并且对新成员的退步保持耐心。

开放式小组除了上述这些优点之外，也有一些需要面对的挑战。珍妮丝·斯科勒等人在他们关于开放式小组的文章中提到，引导者必须表现出很大的灵活性，并为快速变化做好准备。这包括在每次课上关注小组成员的各种发展需求，并让小组对所有成员而言是有意义的——让他们全都处在一个能给予和获得帮助、共情的治疗环境中。此外，作为开放式小组的引导者，要能够快速判断出个人和小组的进步，并作出相应的反应［斯科勒（Scholar）等人，2006］。每一个新成员加入，都可能破坏小组的稳定性。由于害怕暴露弱点，小组成员对自我坦露很敏感，因此要让他们习惯、放得开，需要更长的时间。当小组成员之间的亲密度提高时，原来的参与者又会觉得新来的很碍事。开放式小组还有一个现象就是，即使有人离开了也不会引起注意，因为每个成员都是独自来去。在一个开放式小组中，成员们总是毫无准备地离开，这显然不利于形成小组的凝聚力和促进相互帮助。还有一个问题是，有些成员对毫无准备的新成员没有耐心。我记得，当新成员说错了话，或者意图通过掩饰来否认，或假装"一切都很好""我不需要帮助"时，老成员们会看着他尴尬地笑。基于此，有时候老成员会以一种评判和轻蔑的方式看待新成员在受害者言论和暴力言论之间的矛盾。有时候，新成员的加入会导致群体治疗进度的退步,因为老成员的治疗效果尚不稳定,也没有确切地保证要改变自己或自我坦露。

我很难照顾到每一个成员,因为他们的治疗进度处于不同的阶段,为此,我时常感到遗憾。对短期治疗小组而言,有效治疗的标志是,引导者保持被动,让小组自行运作即可。但在开放式小组中,情况并非如此。治疗对象之间的差异性、治疗对象数量的不稳定,以及他们所处的阶段不同,要求我做一个积极主动的引导者。小组的课程通常是独立的。因为从一次课到下一次课,很难保持一种发展的连续性。很多时候,我们的课看起来就像在小组中进行个体治疗,所有成员和引导者都在解决某一个成员的问题。为了避免群体治疗变成个体治疗,我采用的方法是将某个小组成员提出的问题作为某次小组讨论的主题。我试图将个人经历转变成其他成员共同经历过的主题。我了解到,使个体经历普遍化是治疗师的一种积极行为,因为有些小组成员不好意思说"是的,我也发生过……""我也羞辱过我的妻子……"等等。

另一种克服不稳定性的办法是严格依赖小组保留下来的制度和习惯,创设一个稳定的环境。这些传统由我和老成员来维持,因为关于群体治疗和运行的制度都是我在维护。比如,不许带手机进小组,除了上厕所以外中途不得离开,每次课持续 90 分钟。小组有一个惯例,就是课前集合:成员们一起坐在后院,闲聊、喝咖啡、抽烟,以便按时进去。如果有人用手机,其他成员就会提出批评。"控制""表达感情""为自己的行为负责,而不是为妻子的行为负责"等,是老成员们反复念叨的。这些都是维持传统的一部分。

另一个面临的挑战,与处理成员告别有关。因为小组成员并没有真正意义上和小组告别,而小组却见证成员们一个又一个离开。正是因为如此,对我来说,安排好每一次告别会都非常重要。想要结束治疗的小组成员,需提前通知小组,并在上完接下来两次课后再离开,他们还负责提供最后一次课的茶点。这样我能确保为每次告别会留出足够的空间。在告别会上,成员们将暂时放下未解决的问题,并听取即将离开的成员和团队的反馈。对我来说,重要的是不让即将离开的成员空手而归,同时欢迎他们在之后有需要的时候想起小组和寻求小组帮助。

学习和提供知识

成员们将小组会议称作"课程""讲习班"。我会在有些"课"上教他们情绪管理的方法、有礼貌的沟通技巧、了解愤怒状态以及表达自身感受的重要性,等等。成员们喜欢学习,甚至还有人让我多教点。教室里有一张白板,我会在必要的时候写板书。大多数暴力治疗小组的治疗方案都是基于认知—行为疗法的观点。按照这个疗法,治疗小组就是一个学习和培训的场所,培训如何应对与变化的预期相关的知识。心理动力学疗法强调的是意识和无意识,而认知—行为疗法强调教学工具和通过学习与练习来增强技能,比如改变非理性核心信念和无意识的想法(内赛特等人,2022)。根据后者,暴力行为是对现实产生误解的结果,这种误解会导致负面情绪,进而导致暴力行为。

我很早就看到了这种治疗方法的独特贡献。尽管如此,我很难就过去的事件和男性的日常生活提供支持性的答案,并在强调沟通过程和童年创伤[麦克伦宁(McClennen,2016]的同时腾出时间学习知识和技能。在我看来,这两种方法都很重要,而且两者彼此完善[劳森(Lawson)等人,2012]。我一度决定将单次"课程"延长至三小时。"课程"的第一部分运用心理动力学方法,这一阶段,成员们分享日常生活中的困难和经历;第二部分运用心理学其他方法。令我惊讶的是,他们并没有反对,而且很高兴地参加了三个小时的"课程"。

心理学课程基于半年一次的计划(20节课),结合了亚伦·贝克(Aaron Beck)的认知—行为模式[莫雷尔(Morrel),2003]、阿尔伯特·埃利斯(Albert Ellis,2003)的行为情绪模式和杜鲁斯模式(彭斯等人,1993)。作为认知—行为模式的一部分,我们要了解暴力行为的含义、暴力循环、ABC模式、情感生理唤起现象、愤怒、暂停模式、情绪问题解决办法、自我坚定、使用第一人称、内心声音等问题和包括识别自己的优势、给予赞美、发展乐观思维在内的积极心理学方面的问题。

此外，我还增加了专业讲座、心理剧和"慢镜头回放"（一种音乐疗法）、让参与者舞动起来的运动疗法，还有一种游戏疗法——组员们在课上学习和小孩一起玩耍，处理关于经济困境、性取向和性困难、调解等方面的问题。其中一次课结束后，有组员称自己不会做饭，于是我们安排了一次晚餐，要求每个人都做点东西带来。除此之外，我们还有佛教心理学课程和正念课程。所有来授课的专业人员都是自愿来到这里，每次都有不同的小组成员送花作为回报。大概四年后，由于财政问题，我们无法维持三小时的"课程"，于是又回到90分钟一节课的模式，这也让治疗对象们感到失望。

小组学习可以让男性体验到成功。这是一种积极学习方式，在学习过程中，他们能将所学的内容联系起来，并做出一些成果。小组学习激起了每个成员的好奇心，让他们体验到了接触新知识的快乐，使他们能够谈论与学习内容相关的生活经历，所以"重要的是经历本身"。此外，小组学习还让他们改变了对自己的暴力行为、能力和自我价值的看法，也定义了他们所不知道的、心中的感觉。

杜杜（Dudu）今年五十多岁，他在打了妻子哈娜（Hana）并把她赶出家门之后，来到了这个小组。关于成长早期的课对他来说十分重要。在这些课上，我们讨论了每个参与者经历过的"无法回头"的点——达到这个点后,他们觉得再也无法抑制内心的愤怒,直至爆发。当被要求用1—10来定位他们处在"无法回头"点的愤怒值时,其中一个参与者回答是8。而当问到杜杜时,他说他的是4。他还补充说,引发他的愤怒的导火索很短,所以他生气的时候,待在他身边很危险。他还提到,这就是他打妻子并把她赶出家门的原因。他觉得当自己脾气上来时,连自己都害怕。他希望这件事后哈娜会起诉他,让他被逮捕,这样就可以阻止他发疯了。那次课后,"4"这个数字在杜杜参加小组期间,一直伴随着他。对他来说,知道引发自己愤怒的导火索比其他人短,有助于他理解自己无法控制情绪和精神过度活跃,与他在服兵役期间患有创伤后应激障碍和童年时期遭受虐待的事实之间的关系。他在告别会上提到,数字4会一直伴随着他,作为紧张加剧的"暗号"。

杜杜的案例说明了心理学课程的优势,可以帮助参与者将自己的知识、经验和感觉拼凑成一个连贯的故事,用以描述他们所遇到的困难,并为他们提供解决困难的方法。有时候,他们会在课后拍下白板的照片,分享到小组的群里。

这些课程对我来说也有好处。每次课后,我都会想办法把学到的内容传递给他们。通过传递知识,我更清楚如何让这些知识变得更容易理解。在课程学习过程中,我使用比喻、案例研究、练习和讲述个人经历等方式,所有这些都是为了让他们更容易获取信息。因此,这些课程有助于提高他们的能力、改变他们的观点和培养他们在改变过程中的必要技能。

提出建议

成员们经常收到来自其他治疗对象的建议。有效的建议可以帮助小组成员朝着实现重要目标的方向行动。我最喜欢的建议是,小组成员应该放慢脚步,不要什么都不懂就急着解决问题。对于他们提出的问题或困难,我也会提出一些不同的建议。尽管如此,给治疗小组的成员提建议仍然有许多不利方面。当某个组员提出了一个问题或遇到的困难,其他人容易给出建议,并且以为这样就结束了,好像只要按照他们的建议做,其他就不用管了。提建议是因为他们通常只想要解决问题,而不是倾听或谈论问题。然而事实上,提建议很少能帮到别人,也很少能真正解决问题。通常情况下,接收建议的人会回答"是的,但是……"或者"我认为这对我的妻子不起作用"。

大多情况下,当小组成员自己都无能为力时,给别人提建议只是一种防御机制。亚隆(Yalom)和莱兹克兹(Leszcz)提到(2020),在治疗小组中提出建议,反映出该小组成员不愿与他人建立更进一步的关联。他们试图建立一种关系,而不是让彼此保持关联。这种情况通常发生在小组成立初期。小组越往后发展,成员们越懂得倾听、关联和分享,建议也就越少。开放式小组还有一个缺点,那就是总有新的参与者想寻求快速解决复杂情况的办法,也总有人想用不必要的建议来拯救别人。

有些男人太喜欢说教了,所以字典里最近加了个新词"说教的男人"(mansplaining),它是"男人"(man)和"说教"(explaining)的合成词。"男人说教"是指男性喜欢解释他们不应该解释的事情,尤其是对女性解释,却不去留意他们需要倾听的事情[索尔尼特(Solnit),2014]。在西方社会,知识比思考和自我怀疑更有价值。拥有知识是一种力量,可以让那些不懂或"只是思考"的人闭嘴。因此,"知之者"就处在最高等级,而"不知者"和自我怀疑者就显得糊涂、差劲。当男性在实施家庭暴力时,让伴侣闭嘴的办法之一就是,坚定而自信地说一些对抗性的话——通常是错误言论。因此,在治疗小组中,相比自我怀疑和反复考虑自己的想法,提建议和展示自己的知识是一种成员们更常用的方法。伦迪·班克罗夫特(Lundy Bancroft)说过,和一个专横易怒的伴侣在一起生活,他时常会告诉你需要怎么思考,并试图激起你的自我怀疑,让你对自己的观点和信念失去信心(班克罗夫特,2003)。

我也有"求知"的倾向。我热爱知识,也热爱教授甚至展示自己的知识。我把它视为一种重要的资源,通过它,我可以从周围环境中得到赞赏。我还知道这样一个事实,承认所学的知识增强了自我价值感。我也有"无知"的时候,这让我感到自卑。我知道,在小组中提建议必须小心谨慎。有时候,我提出建议更多是出于自恋,而不是为了回应治疗对象的需求。我也不止一次为此感到内疚,我会想当对方问"我该怎么做"时,如果我给他提供了好的建议,也许问题就解决了。此外,为了不让新成员感到困惑,我会专门给他们遇到的问题提一些建议。

我担任小组引导者的时间越长,就越不愿意在小组中提供解决问题的建议。我还经常阻止那些试图通过提建议来帮助别人的组员。我发现,提建议其实是一个阻碍分享和加深矛盾的过程。如果确实有可以提建议的空间,我认为重要的是提供几个备选方案,并确保其中之一是接纳现状而不必解决问题。这样做的目的是形成这样一个观点:不是所有的问题都能在现实生活中找到解决方案,如果一定要找到一个相对令人满意的解决方案,可以通过改变心理状态来找到。治疗对象们给出了几个备选建议后,我会把选择权交到提出问题的组员手里。如何选择合适的建议是小组工作的中心问题。尽管如此,许多组员在如何选择合适的建议时还是会面临困难——说明他们对可能出现的结果的不确定性感到担忧。

四十多岁的哈纳内尔（Hananel），是比阿特丽克丝（Beatrix）的丈夫，也是三个孩子的父亲。他现在正被妻子的精神病困扰。自从结婚以来，比阿特丽克丝已经多次因为精神病发作而进医院。其中有一次，她还想伤害他们的第二个孩子。哈纳内尔强行把她带出女儿的房间。邻居们在听到比阿特丽克丝的尖叫声之后报了警，随后哈纳内尔被逮捕了。从拘留所出来后，他决定不再和比阿特丽克丝同住，于是自己租了一间公寓。在社会服务部门的介入下，大女儿和儿子跟着他搬了出去，小女儿留下来与比阿特丽克丝同住。在加入治疗小组的三年中，哈纳内尔很难决定是否要离婚。显然，他不想回去和比阿特丽克丝一起生活，尽管她曾多次尝试让他回去。但另一方面，出于责任和担心妻子受伤后会作出轻生之举，他害怕作出离婚决定，因为她威胁他如果他离开她，她就会自杀。

哈纳内尔的例子表明，一些小组成员很难在困境中作出决定。对他们中的许多人来说，与伴侣分开或离婚是必须解决的内部矛盾。他们中的大多数人都害怕成为离婚的父亲或男人，以及承担由此造成的损失。然而，他们还有其他事情也需要做决定，所以其中的一些人不得不放弃觉得自己无所不能的想法,还有些人不得不放弃他们的控制妄想,从而对自己的行为负责和承认自己的无助。

改变的过程进一步强调了选择的必要性。我们所做的每一次选择都包含着一定程度的让步。维克多·弗兰克尔(Victor Frankel ,1985)称,要想过上有意义的生活,我们必须作出选择。可是,我们在做决定的时候,就否定了未被选中的方案,而且每一个选择背后都有未知的变量和不确定的成分。很多男人害怕会后悔,所以选择不做决定。从这个意义上讲,治疗小组提供了一个能让他们在良好的氛围中思考对策而无须冲动地作出决定的空间。利用小组成员的帮助以一种创造性的方式审视作出决定的机会,对他们每个人来说都是一份珍贵的礼物。治疗小组可以营造一种氛围——能同时认清选择、损失、焦虑、自由和责任背后的各个面向。我们就是这样,为他们——要求获得发展机会的人,创造了机会,也让他们从自身角度思考如何承担起责任和发挥自己的创造力,同时意识到自由选择带来的损失和苦恼。从这个意义上讲,我坚持不提供建议和不假思索的答案,有助于在小组中营造一种创造性思维的氛围。

攻击性

人际交往中或多或少都存在攻击性,在一个有着亲密关系暴力史的男性群体中更是如此。虽然小组成员之间并不存在肢体暴力，但是，在他们之间、他们和我之间仍然存在一些攻击性的行为。我也经常对他们表现出攻击性，而他们对自己的妻子和执法系统也有许多暴力的表现。对他们中的许多人来说，只有在这里，他们的攻击性才不会吓到别人。即便他们越界了，也会得到耐心的回应，有时候他们甚至会不自觉地表现出言语上的暴力。即便如此，在某些情况下，仍然有必要以一种果断的立场，画出一条明确的界线。一些资深的、自信的小组成员有时候也会干涉。我记得有一次，一个新成员骂他的前妻和前妻的现任伴侣。一个老成员对他说："你说话像个罪犯似的。我了解这种感觉。我也是在贫民区长大的，也像你那样说话。你根本打动不了我。你还有一段路要走。听听你说的是什么，相当于在侮辱你自己。"另一个小组成员说，他声称自己没有暴力行为，却在这里发表暴力言论。治疗小组让成员们有机会直面暴力沟通，对它负责，在必要时道歉，并实时了解受害者、攻击者和旁观者的经历和感受。根据亚隆和莱兹克兹的观点，促进个人和小组在对抗中发展的基本条件是小组的凝聚力。小组成员对彼此而言必须足够重要，重要到愿意忍受为了解决冲突而产生的不适。要想从攻击性事件中吸取教训，小组成员和引导者需要形成一个治疗联盟。从某种程度上说，治疗小组必须像一个家庭，允许成员之间存在攻击性，且知道只有这样才能熬过这个过程。然而，对一个旨在帮助男性改变暴力行为的小组来说,允许攻击性行为的存在很难。一方面,成员们对于暴力行为过于敏感,很容易识别出无礼行为和攻击性行为。另一方面,小组充当着一个人类实验室的功能,成员们在这里可能随时随地会呈现他们的脆弱和痛苦。

亚瑟(Asher)是小组中最受欢迎的成员之一,也是最要强的成员之一。他专横跋扈,有时候让别人插不上话。对比较安静的成员来说,有他在,他们正好可以保持沉默,但也有人对他不满。有一次课上,亚瑟提到了一位小组成员的暴力行为,这时另一位成员大卫打断了他的话。大卫说,他听不懂亚瑟在说什么,如果说不出有用的话,不如别说。亚瑟感觉被冒犯了,他朝大卫大喊,让他闭嘴,否则就对他不客气。这时候,大卫起身走了出去,没有再回来。大卫的离开在亚瑟看来是一种侮辱。我还担心大卫不会回到小组了,但是在下一周的课上,亚瑟和大卫都回来了。大卫为此道了歉,说他那时才明白亚瑟和自己很像,都很敏感、易怒,容易激动。亚瑟同意他的看法。据大卫说,他是因为害怕自己失控才离开的——他害怕自己攻击亚瑟,所以他宁愿离开。

要控制类似事件,不立即作出回应,对我这个引导者来说是一大挑战,因为要面对紧张和恐惧的气氛,还担心事件升级,所以我会希望它立即停止。我认为自己要对小组成员的安全、治疗进程和小组的凝聚力负责。时间越久,我越能看到这些事件所蕴含的"潜力"。通过这些事件,受害者可以识别身体的感觉,检查无意识行为,看到这些经历与他们的日常生活和童年时期的经历之间的关系。对于攻击者来说,这类事件加深了他们对暴力升级的刺激因素的理解,让他们有机会了解与事件相关的情绪,比如无助、愤怒和内疚,并且思考更多的"备选行为"。对其他小组成员来说,攻击性事件有助于他们理解那些目睹了暴力行为的儿童的感受,以及那些负责阻止暴力事件的目击者的两难处境。作为引导者,接纳小组氛围中的攻击性,让我能弄清自己的感觉,从而理解与小组成员一起目睹和参与暴力事件的感受。

亚伦·E. 布莱克(Aaron E. Blac, 2017)提到,小组成员的攻击性是一种能量,它可能是一种有破坏力的因素,也可能是一种促进因素。矛盾的是,我们要把这种攻击性能量向外引导,而不要让它变成一种指向自我的内部力量,导致自我伤害。因此,口头上将这种能量导向某个小组成员,比导向内心更有利于健康。然而,亚伦指出,小组中存在从最原始到最成熟的各种不同程度的攻击性行为。最原始水平的攻击性行为,是一种不自觉的、不考虑受害者感觉的暴力表现;往上一级,是考虑到了受害者体验的暴力表现;到了更成熟的程度,就想要了解受害者的感受；再往上一级，是关心和在意对方；最后一级，也是最成熟的一级，是攻击者和受害者之间的"对话"，讨论的是导致攻击性行为的原因，以及愤怒对他们每个人的影响。调节情绪，包括攻击者和受害者的情绪，有助于他们以一种成熟的方式处理这类事件。另外，"情绪超负荷"会将攻击性行为变成一种破坏性的回应［莱文（Levine），2011］。比如发生在丹尼尔（Daniel）和什洛莫（Shlomo）身上的故事。

丹尼尔对小组成员什洛莫生气的时候，他已经加入小组四个月了。某一天，只有七个人来上课。那天丹尼尔很难过，因为他的限制令结束后，妻子还是拒绝见他。当时，什洛莫说丹尼尔的妻子可能害怕他，丹尼尔听了很生气，就开始骂什洛莫。我让丹尼尔停下来，可他还是继续骂，根本不听我的劝告。我开始担心场面会失控。就在这时，另一个成员叶夫根尼站了起来，他站到丹尼尔身边，阻止其站起来。我立马起身让丹尼尔出去，这次他听从了。我跟在他身后，叶夫根尼也主动和我一起出来。走到大厅之后，我让丹尼尔离开这里，他照做了。确保丹尼尔离开后，我回到课上，难过不安。虽然已有几年的经验，但我还从未遇到过这样的事件，这让我害怕小组成员之间会发生肢体暴力。原来叶夫根尼跟着我出去是为了保护我，因为他担心丹尼尔会攻击我。据叶夫根尼说，当丹尼尔开始骂人时,他就有意地站到了他旁边,阻止丹尼尔站起来,因为他担心如果他不阻止,丹尼尔和什洛莫就会打起来。当我问什洛莫会不会像叶夫根尼说的那样时,什洛莫说,如果叶夫根尼不在那里,而丹尼尔走近他,他就会打碎丹尼尔旁边桌子上的玻璃杯,如果必要的话,还会用它袭击丹尼尔。

虽然我知道小组中有可能发生攻击性事件,但丹尼尔的案例让我清楚地看到,小组成员之间可能发生的暴力程度会有多严重。此外,这个案例也让我明白,要创造一个安全、有序的分享空间,治疗对象需要具备倾听、提供反馈、懂得区分哪些事重要哪些事不重要、清楚地传达信息等基本沟通技能。大多数情况下,参与者都拥有一定沟通技巧。但是,仍然会出现一些极端情况:比如两个小组成员难以倾听对方,他们会冲动地作出反应,提高嗓门,打断对方。为了在小组中营造友善对话的氛围,我时常扮演"交通督察员"的角色。我鼓励那些能激发情感和引出多种观点的讨论,但是不允许小组中的交流变成提高音量和多人同时发言的情形。男性治疗小组的目标之一,就是为他们提供人际交流的环境,让他们相互倾听,以便更有效地应对压力和冲突。

这些年来,我越来越清楚地认识到,我必须为自己在小组中做出的一些攻击性和暴力行为负责,比如我时常蔑视一些小组成员的暴力行为。出于共情的需要,我不得不格外注意我与这些成员的关系。虽然提供专业的心理援助,必须在一种不带评判性态度的氛围中,但对我来说,相比对攻击者产生共情,与受害者共情要容易一些。这让我更容易应对亲密关系中暴力动态过程的复杂性,却很难真正了解亲密关系的本质。虽然将亲密关系分成好与坏让我感到轻松,但这又让我感觉与那些男性更加疏远,使我更难帮到他们。

后来我逐渐意识到,虽然那些组员具有攻击性,但是他们也曾有过被伤害的经历。我遇到的许多男人也曾是亲密关系中的受害者。此外,我还培养起了同时站在施暴者和受害者的立场上的能力,学会把每个人既看作他们所处环境的受害者,同时也看作积极的施暴者。在面临攻击时,我意识到自己也同时是受害者和攻击者。我是在引导小组成员鉴别受害者和攻击者时意识到这一点的。

由于小组中的许多治疗对象倾向于以攻击性行为来应对威胁,因此在治疗中也出现了针对我的攻击性行为。虽然我明白这只是情感转移过程中的一种投射反应,但有时候我还是会感觉自己是受害者。当攻击性行为发生在小组成员之间时,我更容易表现出包容或自信的态度,但当我越是感觉到威胁是针对我,或者攻击的程度越严重时,我的反应就会越极端。我的反应在逃避和攻击之间摇摆,最常见的是"被动—攻击反应"。这种反应可以从不同角度将攻击性行为解释成我应对日益增长的焦虑的一种方式。这种解释使我能够对伤害过我的小组成员说出一些包括贬低或伤害他们的显得高高在上的言论。因此，对方的攻击性行为使我能够注意到自己是以何种暴力方式对待他们的，也使我能够面对自己的攻击性行为。而在意识到自己也表现出攻击性后，我能够避免进行"我"和"他们"的区分。我们难以接受这样一个事实——虽然暴力具有伤害性和破坏性，但它是一种人类行为，我们可以用它区分不同的人或者说用它作为做某些事的"挡箭牌"。我逐渐认识到，人与人之间的区别不在于是否会做出暴力行为，而在于是否承认自己的暴力行为。此外，人与人之间的区别还在于暴力行为的频率、方式、强度、危险程度、对受害者是否会产生恐惧感、是否认为应承担责任，以及随之而来的后悔感。人与人之间的区别应在于此。

接触有暴力行为的男性，使我们能够意识到自己内心的攻击性（即便它被藏起来了）和自己的暴力行为（贝利与艾兹科维茨，2011）；还能加深对于施暴者行为的理解，提高共情的能力，与他们更加亲近。此外，因为我是小组的引导者，所以我在小组中应对威胁的方式会起到模范作用。每当遭到攻击时，我都会把它视为一次考验和机会，从而作出规范的回应。随着时间流逝，我应对暴力行为的能力有所提升，而以规范的方式回应攻击性行为的主要方法，就是将它视为出于人类本性的行为。我还培养了直接表达感受的能力，并将其转化为小组对话——在对话中，我可以了解每个小组成员在经历伤害或威胁时采取的各种应对方法。这种能力使我以行动为导向，而不是以反应为导向。

唐纳德·温尼科特(Donald Winnicott, 1975)在他关于"攻击性在情感发展中的作用"的文章中指出，如果社会处于危险之中，不是因为人类具有攻击性，而是由于对攻击性的压抑。每次小组成员和作为小组引导者的我，直面暴力、对暴力行为负责，就能开启一次直接、开放的对话——讨论暴力行为对施暴者及其周围人的意义。

爱

参加该小组的男性都有一些关于"爱"的问题没有得到解决。他们想跟其他人保持一种"不太远也不太近"的关系：一方面，他们想体验亲密感和爱，但同时他们又把亲密当成一种威胁。早在童年时期，男孩们就失去了与人亲近的能力，因此他们在恋爱关系中会压抑自身的需求。当代精神分析学家将与母亲分离背后的文化内涵及其所代表的含义，包括对共情式亲密、包容和亲近感的剥夺视为一种"原始创伤"，它作为一种情感创伤伴随着男性的一生。南希·乔多罗(Nancy

Chodorow）认为，早在前俄狄浦斯时期①，男性身份的形成就是依赖母亲，因为她通常是孩子生活中主要和最重要的看护人。身份的形成主要是在将男孩和女孩区别对待的过程中完成的。与女孩不同的是，在从疏离到彻底分离的母子关系发展过程中，男孩会经历一段关系中断的时期。而这一时期随着心智发展他们在心理上会将自己与母亲分化开（乔多罗，1978）。作为一种延伸，伯格曼认为，过早与母亲分离是男人成长早期极为混乱的一段会形成较大影响的经历。从那时起，孩子似乎被一股浪潮冲昏了头脑——这股浪潮如同一支画笔，给其之后家庭和社会中的亲密关系着了色。从那时起，男孩觉得应该变得像他们的父亲一样，和他们交流，与强壮的、关心孩子的父亲产生共情。然而，实际的分离是在命令和惩罚中被迫接受的，并不是一次对男孩的共情。所以，从一段共情关系中分离是一种创伤，父亲自己可能还未从这种创伤中恢复。男孩学会了不去听或者带着怀疑去听，并且无论如何都要避免对内心感受作出回应。父亲最不能教的技巧——也是男孩不理解的，是当亲密关系缺乏掌控时所需进行的灵活性调整（伯格曼，1995）。

根据弗雷德里克·拉比诺维茨（Fredrick Rabinowitz）的说法，男孩小时候的规范性发展也与影响他们自我认知的创伤

---

① 前俄狄浦斯时期：弗洛伊德心理分析理论中俄狄浦斯阶段之前的心理发展阶段，通常涉及婴儿与母亲之间的关系。——编者注

有关。按照他的说法，年轻时经历的创伤性分离事件越多，成熟阶段的共情力越受影响。此外，分离致使男性对拒绝过于敏感，从而导致他们容易对亲密关系产生矛盾心理，既渴望亲密又害怕亲密关系中的痛苦和伤害。因此，许多男性容易发展出多重人格特征，包括在自己和他人之间划定明确界线，在亲密关系中容易因为依赖性而发生冲突，以及对自主性的高估（拉比诺维茨，2006）。

剑桥健康联盟（CHA）男孩、男青年和成熟男性心理健康研究室的高级临床顾问兼研究室主任威廉·波拉克（William Pollack）也谈到了分离创伤的影响。根据他的说法，早期的创伤与缺乏人际交往能力和处理不如意生活状况的能力有关，这会导致"表达情感的声音"丧失。这种缺失使男人的灵魂出现了一种空虚状态，这种状态会让他们伪装出"阳刚姿态"，不去面对自己的情感世界。这种缺失也会影响男人之后的社交活动，并导致情感上的痛苦。根据波拉克的经验，接受治疗的男性通常说自己喜欢单身，他们不需要亲密关系，但其实，他们是在上一段感情中"陷"得太深，害怕再次经历之前的痛苦和创伤（波拉克，2006）。除此之外，如果你认真倾听他们，你会发现面具之后的他们是需要爱和亲密关系的。无助感或被抛弃感会给他们造成情感混乱，这也是导致他们出现暴力行为的原因之一，他们常常会将这种混乱以一种攻击性的方式投射到伴侣身上。

尽管如此,许多来到这里的男性都觉得,在这里,他们可以信任别人,有安全感,可以表达自己的感受而不用觉得尴尬和不被尊重。在这里,他们会参加塑造男子气概的常规心理治疗,但参加这个小组的男性还很孤独,他们从周围和亲近的人那里得到的情感支持很少。他们中的许多人面临着涉及亲密关系困境、离婚、法律纠纷、可能会跟孩子断绝联系等方面的危机。大多数小组成员面临的主要威胁是失去了对生活的控制和伴随而来的绝望感。几乎没有治疗对象能从小组之外的人身上获得情感支持。即便有,也主要来自他们的母亲——那个真正关心他们、能和他们感同身受的人。治疗小组是一个表达愤怒、失望和绝望的地方,也是一个在全是男性的环境中表达温暖和爱的地方,它通过肢体接触的方式来帮助成员们。有些人总是被拥抱,是因为他们主动寻求拥抱。

鲁文(Reuven)在每次课后都会走到我身边,和我拥抱。鲁文是哈加伊的好朋友。哈加伊性格内向、冷淡,从未感受过父母的拥抱。我拥抱鲁文的时候,哈加伊会在旁边看着。我渐渐发现,当我和鲁文拥抱的时候,哈加伊会离我们更近一些,但他从来不要求我拥抱他。大约在小组待了一年后,有一天,哈加伊分享了他童年时的一次创伤经历,悲伤难抑。他在课后找到我,想让我拥抱他,但表现得犹豫和顾虑重重。即便在我拥抱他的时候,他也只是用一只胳膊搂着我,不让我完全抱住他。我幽默地告诉他,我要教他如何拥抱。最后,我们亲密地拥抱在一起。哈加伊没有反抗,等着我先抽身。几秒后我才放开他。这是他生平第一次学会拥抱。

对有些男性来说,肢体接触和痛苦是相关联的。他们中的许多人童年时情感被忽视,在他们成长的家庭中,父母因为自己都还没有从痛苦中解脱出来,只能保证他们有地方住、吃饱穿暖,谈不上有多少情感支持和肢体接触上的关爱。此外,有些父母自己也曾经历过创伤。即便有肢体接触,也通常令人感到痛苦,而且大多是父子间的肢体接触。小组成员很少和父亲有充满爱意和温暖的接触。因此,在小组中,来自另一个男性的温柔而充满爱意的拥抱是成员们所渴望的,但这个拥抱也具有威胁。我认为男人之间的拥抱是治疗过程中的重要部分,我鼓励大家相互拥抱。贝恩德·艾登(Bernd Eiden)在一篇关于在心理治疗中肢体接触的应用的文章中指出,为了推进治疗的进程,通过肢体语言、声音、运动和肢体接触(这些都能增加体验的维度)来解决治疗对象的问题也很重要,一节重要的治疗课会使用这些手段(艾登,1998)。这些年来,就像哈加伊一样,有些小组成员会积极地走近我,寻求拥抱。我们也会在告别会上拥抱,以表达我们共同拥有的亲密感。反之,有时候,刻意避免肢体接触可能会伤害组员,会让对方觉得我不支持他。此外,避免肢体接触也可能会使组员产生抵触心理,加剧早期心理创伤,以及增强防御[布雷肯里奇(Breckenridge),2000]。对我来说,重要的是让组员感觉自己被关爱,让他们觉得我在乎他们——即便嘴里不说,心里也关心着他们。所以身体也可以表达爱,这是亲密关系的重要体验,为加深关系奠定基础。

随着时间的流逝,我进一步意识到我必须像父亲爱自己的孩子一样全心全意地爱我的治疗对象。当组员被问及他们的父亲是否爱他们时,通常会给出三类答案:确定父亲爱他们,确定父亲不爱他们和不确定父亲是否爱他们。许多小组成员会令他们的孩子失望,因为孩子们没有感受到父亲的爱。所以,作为小组引导者和治疗师,我给予他们爱和拥抱非常重要。关于解析关系中的爱与恨,史蒂芬·米切尔(Stephen Mitchel)指出,在爱与恨等情感中,很容易忽略获得这些情感的可行性,因为你可能把爱和恨当成纯粹的、完全自发的,但事实并非如此。与短暂的装腔作势、恼怒或批评等态度相反,爱一个人或恨一个人都需要耗费时间和感情。除非我们想要这样或者有充分的理由,否则我们不会去爱一个人或恨一个人。形成爱与恨的情感,需要慢慢培养和不断提供"养分"及专注于此。维持一段情感需要付出努力。这种持续性也是我们在小组中想要做到的。

作为引导者和治疗师,我爱我的治疗对象,而且我也是这么做的。我认为爱是促进治疗和改变的因素,而且我也愿意去爱他们。爱他们的时候,显得我更专业。如果关系中交织着爱,我就更容易为对方提供帮助。正如米切尔提到的,了解治疗对象应是一种立场,而不是一种反应;这更类似于一个家长承诺要爱所有的孩子。在小组中,这是一种带有治疗责任的爱,它不会被带走,也无关身份。虽然我爱他们,但是我既能清醒地看到他们的优点和健康的一面,也能看到他们的缺点和破坏性的一面。我看到了愤怒、破坏性和仇恨,同时,我也专注、宽容,愿意为他们提供帮助和支持。

据我所知,治疗师有义务让伤害过他人的治疗对象直面复杂的现实,并在承认这种现实的同时不割裂开其性格特征。一个能理解治疗对象攻击行为的治疗师可以降低对方攻击行为的破坏性。但是,一个爱治疗对象的治疗师不应该像治疗对象那样,总是想着把伤害行为最小化。同时,我们不能将治疗对象人格的多重性割裂开来,只对他们的攻击行为表示排斥和厌恶。我们应该意识到攻击行为固然可怕,但其中也蕴含着积极的情感。很难想象,在治疗对象不被包容的敌对氛围里,或在不考虑治疗对象的攻击性的氛围里,治疗对象能发生改变。要让治疗对象得到发展和成长,治疗师需要营造一种潜在的、让治疗对象的所有部分得以展现的氛围:一个大家都喜欢的、充满理解和爱的环境——有着对美好事物的真诚渴望。

然而,只有当治疗师处于幻想状态时才存在这样的空间,在这个空间里,他们收集治疗对象提出的难题并对其进行处理,且主要围绕非语言和无意识的心理领域。比昂认为,这种幻想状态就如同母亲般给予孩子无条件包容和关怀情感,持续陪伴在孩子身边,并关注孩子的一切非语言行为。治疗师就像母亲一样,必须"消化"治疗对象冲动地从自己经历中总结出的无法消化的难题。治疗师把这些难题想办法收集起来,坚信自己可以在"情感消化系统"中处理它们,处理后将新内容返回。这样一来,他们可以赋予自己的行为以意义,也可以思考这番经历并且得到放松。这种幻想最终因为治疗师的安然无恙(没有被治疗对象的攻击性吓到)而成为可能(赛明顿等人,2002)。

由于共情失败,我无法爱所有的组员,对于个别成员,我甚至并不希望他们过得好。我记得有个男人不肯和妻子离婚,拖了三年多,也不愿支付赡养费。我每次引导他往好的方面想,告诉他离婚对他和孩子们都好,但都不起作用。我打心底里希望他被送进监狱。考验我对成员们的爱的情况有两种:第一,在对某个组员感到愤怒和蔑视的时候;第二,组员不回应我的要求、拒绝我的时候。对我来说,有影响力和被爱很重要。我亲近他们、关心他们,所以他们对我的爱很珍贵。我把这种爱视为对我付出的感激,但不是每个人都会回应我对爱和被爱的需要。

有些小组成员并不需要我爱他们。他们生我的气，讨厌我。对他们来说，我代表着加诸他们身上的不公正。还有些人不想被爱是因为他们害怕受到伤害，或害怕受其他人的情感影响。童年时期痛苦的情感经历使一些成员难以确定别人对他们的同情、关心和喜欢的真诚程度，而且他们大多数人在试图与他人亲近时都会感到焦虑。有些人在接受几次治疗后连"再见"都没说就消失了，这对我来说是不愿被爱的强烈表现，我觉得他们好像在利用我。对我来说，这种情形好像与我约了几次会的对象一声不吭就消失了。当然，也有我愿意去爱的人，杰基(Jackie)就是其中之一。

杰基今年三十多岁，结束了他的第二段婚姻，他和前妻有一个女儿。他是在发生和前妻的暴力事件之后来到这里的。一年后，他决定离开小组，单独找我治疗，这一过程又持续了两年。在治疗期间，杰基把我当作他的父亲。他从小没有父亲的陪伴。小时候，在持续了几年的家暴后，他的父亲和母亲离了婚，抛弃了他和弟弟，留给他们的是财务困难和情感伤痛。我感觉和杰基非常亲近。我关心他，即便不在治疗期间，也想着他。我会为他取得成绩而高兴，会为他的痛苦而难过。在他痛苦的时候，不止一次我和他一起哭。在接受了大约一年的单独治疗后，杰基提出他的愿望是让我去他家，这样我们就可以一起坐在门廊上喝啤酒。我向杰基解释说,对于我们的关系而言,那样做不合适,我是他的治疗师,坐在一起喝啤酒会削弱我帮助他的能力。对此,他除了表示理解以外,我还从他的眼里看到了失望。最后一次治疗的时候,杰基说,我不再是他的治疗师了,所以我们没有理由不坐在一起喝啤酒。可我又一次让杰基失望了。我告诉他,如果我之前没有当他的治疗师,我愿意成为他的朋友。然后我再次表达了我对他的爱,并表示我永远是他的治疗师,如果将来有需要,他可以随时来找我治疗。杰基落泪了,我们拥抱着说了再见。

杰基的案例说明了治疗情境中紧张的积聚:爱的存在,产生了一种令人沮丧的悖论,而且其中包含了难以避免的妥协,无论对治疗师还是对治疗对象都是这样。爱的存在表明治疗师对治疗过程的承诺,也调节了治疗中的双方力量的平衡和缓解了随之而来的痛苦。

我与杰基的相识让我明白,尽管对我来说以同样的方式爱所有的小组成员很重要,但我还是会爱其中的某些人多一点。就像在家庭里一样,在小组里也有被偏爱的成员。这种感悟有助于我平等地帮助和照顾所有参与者。治疗小组应该提供一种像家一样的治疗环境,因为它关乎每个成员所获得的爱和情感[塔哈(Taha),2010]。作为引导者,我负责创造一个这样的允许表达无条件的爱的治疗环境。小组营造了一种氛围：每一个成员，包括引导者在内，都值得被爱。小组是能被治愈的地方，允许爱和被爱，允许表达爱而不会被认为不值得——如此就可以疗愈男性世界里遭受的早期创伤。

第四章　治疗动机

　　我会问那些第一次参加群体治疗的人，他们为什么来这里。他们最常见的回答是"我的缓刑监督官送我来这里的""我的妻子起诉了我"和"我的律师建议我来"。参加小组的人中，很少人能在第一次治疗中说出他们有控制方面的问题、暴力问题或难以抑制愤怒的问题。因此，许多人刚来到这里时并不了解治疗的本质，进而缺乏改变的动机。

外部动机

　　大多数在亲密关系中使用暴力的男性并不会主动去家庭暴力治疗与预防中心参加治疗小组。他们大多数人是在遭到伴侣起诉后,由于执法部门和其他机构的介入而来到这里。缺乏动机的原因有很多。首先,他们大多数人不认为这是一个需要治疗的问题。在他们看来,他们所做的只是对伴侣所做的冒犯性行为的回应。他们肯定地说,如果伴侣没有惹怒他们,他们就不会使用暴力。尽管他们大多数人事后都感到懊悔,但他们中的一些人说,如果这真的是个问题,那么他们的伴侣也必须接受治疗。参加小组的大多数人将自己的暴力行为视为亲密关系二元系统的部分,并拒绝接受他们对暴力事件的发生负有唯一责任的说法。虽然我对他们的行为表现得很敏感,但他们作为新人来参加治疗时,许多人都认为自己是因为被指控才来的,而不是出于自身需要或感到苦恼才来参加(艾兹科维茨和贝利,2011)。来到治疗中心时,他们并不理解治疗的本质,大多数人把治疗当成对他们的惩罚,而不是改变的机会,他们对治疗的态度很矛盾。导致他们态度矛盾的原因有几方面。托德·科瓦姆(Tood-Kvam)等人采访了因暴力行为而接受治疗的男性,他们提出了三种代表男性矛盾态度的说法:我是不对(因为我的暴力行为),但也没有那么坏;我尝试了(作出改变),但并没有用;我大可不必(使用暴力),但我别无选择(托德·科瓦姆等人,2022)。

"我并不是一个暴力的人":他们中有的人觉得,来到治疗中心,就被贴上了"暴力分子"的标签。有一个治疗对象说,在他走进治疗中心的前一刻,正好碰到一个朋友,问他要去哪里。他难以启齿,只好谎称自己是去参加一个工作会议。许多来到治疗中心的男性都有过这样的羞耻经历(史密斯,2007)。他们认为来到这里就是被执法系统标记成了"暴力分子",但他们并不想做一个暴力的人。

难以区分治疗和惩罚:在许多人看来,治疗中心是法院和执法部门的"长臂",如果他们不寻求心理援助,就会受到法律制裁。他们认为这个系统常常轻视他们,对他们毫不尊重[科尔沃(Corvo)和约翰逊(Johnson),2003]。因此,一些群体治疗对象很难信任治疗中心,难以区分这是强制手段,还是在帮助他们(吉尔,1996)。

在我的职业生涯初期,我也很难区分强制手段和治疗之间的区别。我与缓刑服务机构的关系无非是报告治疗对象的出勤情况、治疗对象是否认真治疗、是否配合治疗。这让我很难看到强制手段对治疗过程的作用。而这些机构把监督视为专业援助的一部分,这让我和参加治疗的男性认识到,如果没有监督,这些人就很难认真坚持治疗。这一认识也得到了实证研究结果的支持。在吸毒成瘾者中进行的研究发现,自愿接受治疗的治疗对象的流失风险是那些用治疗替代服刑的治疗对象的 2.5 倍[沃尔夫(Wolf)等人,2022]。

尽管认识到了这一点,许多治疗对象还是需要在经过一段调整期和克服对小组的矛盾态度之后,才能够将监督和治疗联系起来。对许多人来说,能坚持治疗,只是因为他们知道治疗过程处于监控之下,不参加治疗会受到法律制裁[鲍文(Bowen)和吉尔克里斯特(Gilchrist),2006]。如果治疗对象能够灵活地从辩证的角度思考,他就能理解这种优势。作为小组的引导者,我也是如此。

"我不像他们那么暴力。"来到小组后,一些男性害怕遇到很暴力的人。他们觉得自己没有那些人暴力,有的甚至说"我们不像那些流氓",而事实上他们并不认识那些人。对有的人来说,除了害怕,这也是他们表达反对加入这个小组的方式。其中一个五十多岁的治疗对象在第一次课上便指出自己与众不同,并将自己和其他成员区分开。这一行为让他维持了一个不打老婆的男人形象。通过这样做,他表达了一种能被其他成员认可的意愿。另一些人则通过迟到、缺席、过分关注事实、沉默、不积极参加治疗等方式来表达他们的矛盾态度。

治疗之耻:来到治疗中心后,许多人以参加治疗为耻,对寻求专业心理帮助持消极态度[娜姆(Nam)等人,2010]。他们中的许多人会产生两种类型的耻辱感:第一种是关于大家对心理治疗的整体认知,他们认为参加心理治疗的人情绪多变、不稳定(沃格尔、韦德和哈基,2006);另一种是将社会耻辱感内化为个体耻辱感,甚至将其变成一种关乎自我价值的信念。这样一来,一些人觉得,他们来到治疗中心就是把自己标记成了有情感问题的人(沃格尔等人,2006),这意味着没有外界帮助,他们就无法解决自己的问题[佩德森(Pederson)和沃格尔,2007]。个体耻辱感是对治疗保持消极态度的一个重要原因,虽然他们也很清楚自己处于痛苦之中,但他们仍要这样做[阿普特(Apter),2017;格列佛(Gulliver)、格里菲斯(Griffiths)和克里斯滕森(Christensen),2010]。

不信任福利体系:除此之外,还有他们对社会福利体系的不信任,这是基于他们和社会工作者之间不愉快的经历,甚至包括他们被冒犯的经历。在危机最严重的时候,他们中许多人都不情愿和社会工作者打交道:不管是司法程序社会工作者介入他们的离婚流程,还是儿童保护社会工作者介入他们对儿童的暴力。由于社会工作者的介入,有的人不得不到监管中的探视中心探视他们的孩子;还有的人可能之前就在寄养家庭或寄宿学校遇到过社会工作者。此外,无论是在社会层面还是临床层面,社会工作者大多是女性,所以很容易将自己与女性受害者联系起来(艾兹科维茨和贝利,2011)。这就增加了男性对这个体系的不信任。

在要求妻子萨里特(Sarit)和他一起接受"家长指导"后,丹尼来我这里进行个人治疗。萨里特会对孩子们大喊大叫,还打他们。丹尼威胁她说,如果她不去治疗就离婚。他们去找了专业的治疗师。在一次治疗中,萨里特提到丹尼对孩子们很暴力。她描述说,有一次九岁的大儿子打了小儿子,丹尼就让他回自己的房间去。大儿子不肯,丹尼不顾他奋力反抗,强迫他回了房间。专业人员将这次谈话的内容报告给了从事儿童保护方面工作的社会工作人员,他们就把丹尼叫来谈话。谈话期间,丹尼把萨里特对孩子们的暴力行为告诉了社工人员,但他说的那些是社会福利系统中没有提及的。社工人员建议他寻求情感帮助,这样他们就不会报警,所以丹尼找到了我。丹尼感觉自己被妻子、治疗师和社会工作人员背叛了。他决定不再参加家长指导,于是带着羞辱和受伤的心情找到了我。丹尼自愿接受了三年多的治疗,但我们仍然无法让他恢复对妻子和福利系统的信任。

据调查,男性对于到暴力治疗与预防中心接受治疗这件事的看法,倾向于认为他们是在一些危机下接受的,而这些危机包括在法律面前无可奈何,现有社会体系站在女性那一边,严重的家庭危机,以及被起诉要求到治疗中心接受治疗。危机伴随着的体验是严重的损失、深切的痛苦、失败、羞耻、不相信治疗中心能帮到自己、混乱和迷惑 [本·波拉特 (Ben Porat)、德尔克 (Dekel) 和吉尔巴,2018]。因此,对一些加入小组的人来说,遇到我——一名暴力预防中心的社会工作者,勾起了他们对过去许多痛苦而复杂的回忆,而这些回忆又加深了他们对于心理治疗、社会工作者和治疗小组的矛盾心理。

曝光秘密。来到中心和小组,揭开了许多人试图掩盖的秘密：他们是使用暴力的人。大多数情况下，这个秘密是他们的伴侣向有关部门或福利机构求助时曝光出来的。对他们中的许多人来说，这种曝光就是一种背叛，因为曝光的同时还往往会被起诉。此外，他们在家庭和社会环境中，也会面临被曝光"丑事"的羞耻。我记得有一个人最担心的就是被他父亲知道。还有的人拒绝向原生家庭求助，为此他们宁愿住宾馆或借住在朋友家。这个秘密的曝光改变了现状：由于执法部门和福利机构的介入，男性不再占据上风。他们害怕伴侣拥有他们已不再拥有的权力。但对他们大多数人来说，隐藏秘密有助于否认问题和将问题最小化。对他们来说，即便真有问题，也只是每一段亲密关系中都存在的争吵问题。秘密的曝光并不能让他们减少暴力行为，也没有使施暴者觉得这种行为是一种需要进行治疗的犯罪行为。保守这个秘密使得家庭免于分崩离析。即便曝光之后，人们对家庭团结仍抱有希望，但更多的是担忧。

关于情感暴力或肢体暴力，受害者有很多理由保守这些秘密，包括个人、家庭和社会层面的诸多理由。然而，在曝光之后，伴侣得到了保护，还可以规划自己后续的行动。另一方面，秘密曝光对施暴者来说是意料之外、毫无防备的，会让他们情绪失控。因此，在揭露秘密和应对随之而来的情绪之前，要求我们专业人员对施暴者过去经历过的痛苦和愤怒保持敏感。我们有必要评估这个男人对受害者是否存在威胁或威胁可能的危险程度,因为曝光秘密一方面可能引起他们发泄愤怒,另一方面也可能是改变的开始。

坚持治疗过程的能力:男性对于情感治疗的矛盾心理,也与他们害怕自己不能坚持完成治疗过程有关。虽然想要战胜愤怒和羞耻,许多人仍然怀疑自己是否能坚持下去。最初的危机过去之后,他们认为自己的暴力行为很麻烦,需要改变;但也有一些人怀疑自己是否有能力改变。

增强动机

通过司法系统而来参加治疗的男性,对我来说是一大挑战。他们持续接受治疗的动力直接受到治疗后的成就感的影响,而这种成就感很大程度上又受他们停止施暴后产生的效果影响。因为他们大多数人都不是自愿参加的,一开始就表明了反对改变的态度。根据"转换理论模型"(Transtheoretical Model),变化要经过五个阶段:预期阶段、沉思阶段、准备阶段、行动阶段和保持阶段[普罗查斯卡(Prochaska)、迪可莱蒙特(DiClemente)和诺克罗斯(Norcross),1992]。大多数成员刚来的时候都处于预期阶段。在这个阶段,他们还不确定自己的行为有什么问题,喜欢责怪他人。到第二阶段——沉思阶段,他们在观察到改变带来的好处后开始考虑改变。第三阶段,他们决定改变,并认为自己对改变所需的过程和行为负有义务。在这个阶段,他们可能会寻求帮助,并大方地倾听其他成员的发言。在开放式小组中,有成员处于沉思阶段时,都会有资深成员已经进入准备阶段、行动阶段和保持阶段,作为参照。

增强改变动力的一个更重要的因素在于他们看到了改变对于自身的意义。有时候,需要帮他们弄清楚改变的重要性。动力的增强还来自微小进步的积极强化。"我们吵了起来,然后,为了不大打出手,我就出去了""这一次我只是吼了她,并没有对她动手"……分享这些经历的男性正是受到了积极强化,因为他们能够看到变化过程中的进步,收到了对于他们进步的积极反馈,增强了继续治疗并坚持下去的信心。有些男人声称他们是为了伴侣而不得不改变,我不认可这种观点。如果有人这么说,我会回应他:"如果她说喜欢你打她,你也会为了她这么做吗?"我还是主张他们从内心、信念、尊严、价值方面去定义和理解他们保持改变的能力的价值。伴侣和家庭受益固然重要,但都是次要的。

专业人员能否让他们形成改变的积极认知,和这些人员是否承认有阻力、能否令人信服地介绍治疗过程相关。这种"推销行为"的核心,就是激发治疗对象对治疗过程的兴趣。这于初级阶段有益,于后续阶段更可贵。如果治疗师不想办法增强治疗对象的治疗动机,治疗对象就会继续坚持他们对于治疗的消极态度,时间一久,他们认为治疗无效的观点就会被强化。

　　人们对接受专业情感援助的矛盾心理和大多数男性对待心理治疗的看法，让我不得不改变自己关于治疗动机的观点。在职业生涯早期，我很难接受这种矛盾心理，因为难以理解他们为什么会拒绝别人的帮助，但这主要是我作为引导者面对他们的愤怒和拒绝情绪时的感受。在群体治疗中，一些感觉和情绪会被强化。在小组中，对司法系统的不满、被迫参加治疗等造成的紧张气氛会被强化和放大，因为小组中有不止一个治疗对象认同这种不满和负面情绪。我甚至常常把这种想法和相应的行为当成小组成员对我和暴力治疗与预防中心工作人员的人身攻击。值得一提的是，那期间，我虽然从未担心过他们会伤害我，却有一些无法和他们共情、不能理解他们的时候，这导致我常常评判性地对待他们，甚至冒犯他们。在这一时期，我很难理解那些受到伤害的人会进一步否认自己需要改变的想法。此外，我一直都相信，群体干预能够帮到那些全身心投入治疗的人。同时，我对那些抗拒改变、固步自封，导致情感危机无法化解的人感到生气。

　　随着时间流逝，我形成了一种控制委屈（许多男性都经历过）的治疗观点。这是基于这样的理解：对他们许多人来说，情感危机不止一个过错方。我理解他们想让我承认他们的伴侣有时也会有暴力行为，承认因为司法系统不公正、不尊重事实，导致他们大多数人苦不堪言的想法。我有时能认同这些观点，有时又不能。话虽如此，我认为自己有义务在不表达自身立场的前提下承认和证实他们的痛苦。此外，我意识到我的情绪是他们改变过程中的一个主要工具。在小组中，愤怒和冷淡甚至挑衅，会让我离小组的使命、离组员们更远。我逐渐意识到了学会控制委屈感的重要性。然而，对我来说，小组是一个传递希望的地方。承认这些的同时，我不想让小组成员们保持这样的观点：他们是外部力量的主要受害者。这会让他们更难以对自己的攻击行为负起责任。而这种责任感能让他们将情感、思考和努力投入到改变的行动中。所幸，小组中的资深成员也能帮助我应对新成员表现出的矛盾心理。开放式小组的优势在于，新老成员能够共同面对改变的过程。

另一个有助于我帮助他们增强治疗动机的方法是，积极倾听其他成员的故事，这也体现了我对他们的尊重［埃利（Hell），2011］。在听他们讲述的时候，我明白他们的故事可能有"缺口"，而这些"缺口"将在之后被填满。比如，许多组员感觉自己在走司法程序时被误解了。在辩诉中，他们不止一次被要求说谎或者承认他们没有做过的事，又或者不承认他们做过的事。重新讲述自己的故事有助于他们把和司法系统打交道的经历与治疗的体验区分开。听他们的故事有助于我理解亲密关系和暴力行为的复杂性，同时也建立起彼此的信任和信心，这对在我和小组成员之间建立治疗联盟意义重大。

治疗联盟

建立治疗联盟是增强改变动力的重要方法。我和小组成员之间形成积极的关系,有助于产生较好的治疗结果,让小组成员们满意。在所有的治疗关系中,治疗联盟是促成改变的基础。关于亲密关系中男性施暴者治疗效果的研究发现,治疗联盟是促使其改变的重要方法之一(塔夫特等人,2003)。研究还发现,治疗联盟对治疗的持续性有着重要意义,那些施暴者之所以坚持治疗,是因为他们认为治疗师能帮助他们改变,让他们掌控自己的生活[基斯顿马赫(Kistenmacher),2008]。此外,那些受外界因素驱使而参加治疗的人比那些自愿参加治疗的人更难和治疗师建立起治疗联盟[贝古姆(Begum),2003]。我和小组成员之间建立治疗联盟非常重要,这样能创造一种安全的、热心的氛围,巩固我们关系的基础。如此,成员们能更有效地解决改变过程中的困难。

治疗联盟有三个重要组成部分:共同的治疗使命,共同的治疗目标,一种积极、互动的人际关系[博尔丁(Bordin),1979]。当讨论那些多半是被迫来参加治疗的治疗对象时,这三个组成部分中的任何一个都不应被视为理所当然。

治疗联盟的形成并不取决于治疗师,而取决于治疗对象是否愿意与治疗师面对面地谈论和正视问题,以及是否愿意建立治疗伙伴关系来处理问题。但是,治疗师对于建立治疗联盟起着重要的作用。对许多小组成员来说,作为治疗师的我是问题的化身,因为他们认为我代表了他们参加治疗小组之前所遭受的所有痛苦。在自我介绍环节,我尽量表现得温和热情,以营造一种愉快的气氛。需要说明的是,那些男性来到治疗中心,在见到我之前,参加了治疗管理员的介绍会,会上管理员已为他们营造了一种共情的氛围。所以后来当他们见到我的时候,已经可以谈论在这里的体验了。这让我可以更直接地了解他们的困难,并想办法营造一种能激发他们去改变的治疗氛围。这种氛围的营造需要我对他们的困难感同身受,和他们的故事产生关联,同时避免冲突。这与他们许多人的做法相反:他们倾向于将问题最小化,且常常把问题归咎于他们的伴侣。此外,我避免在他们的前几次治疗课上让他们情绪失控。因为在早期阶段就进行情绪治疗可能让他们变得焦虑。此外,我们也不期待他们在头几次课上进行自我表露,我理解他们需要将暴力事件的影响最小化的心理(这也是他们来到这里的原因)。

来到这里后,一些人把我和治疗中心放在他们的对立面。在与新人谈话的时候,我告诉他们治疗过程至少会持续一年,他们中许多人都不明白为什么要这么久。有的人在一年之后继续接受治疗,因为他们意识到自己还没有准备好离开。在第一次课的介绍环节,新成员很好奇其他成员已接受了多长时间的治疗，以及每个人的治疗是否都会持续那么久。关于治疗时间，答案从几个月到几年不等。

小组内的治疗联盟问题更为复杂，因为我们需要在小组的成员之间以及小组作为一个整体与引导者之间建立治疗联盟。在开放式小组中，任何时候都有小组成员之间、成员和引导者之间尚未建立联盟的情况。

> 三十多岁的单身汉爱德娃（Edward），曾与诺法（Nofar）有过一段感情，他们有一个儿子。如今，他们已经不在一起了，爱德娃独自抚养儿子。来到这里时，爱德娃拒绝承认警察扣在他头上的"帽子"——他对诺法使用暴力。尽管如此，他还是想加入小组，以应对诉讼程序。爱德娃直言不讳，他说他认为警察的指控才是暴力。我问他，在小组中可以做什么，他说他可以听别人讲述，也可以讲述自己的经历。爱德娃加入了小组，并在最初的两个月里拒绝揭露自己的暴力行为。他一再声称自己是被警察陷害的。两个月后，一名新成员加入了。在介绍环节，爱德娃告诉新成员他来对地方了，小组能帮到他。这个新成员问爱德娃为什么来这里，爱德娃说他遇到了暴力问题，是这个小组帮助他冷静了下来。

作为小组的引导者，我必须处理小组成员不认为自己有问题的情况。开放式小组的优势还在于,小组成员们会质疑那些认为小组帮不到他们的人。新成员越坚持自己的立场,就越会引起老成员的反感,甚至有一些老成员找到我,要求我把新成员赶出小组。在那些老成员看来,那些新成员是在干扰小组的工作。我通常会同意他们的观点,但我也说明,应该给他们一次处在"未破茧"阶段的机会,就像爱德娃那样。特伦斯·雷亚尔(Terence Real)提出(1998),对男性进行治疗需要治疗师非常包容:他们很难自我表露,一开始可能不愿意接受帮助,甚至有的治疗对象在小组待了三个月后,依旧声称自己没有问题,不明白自己为什么要待在小组。对此我会邀请他们进行一对一谈话,如果确定他们仍然固步自封,我就会让他们离开。

我们不能强迫男性治疗对象相信治疗效果和全身心投入治疗过程,但是小组的引导者可以为建立治疗联盟作出重要努力。当小组成员被问及什么有助于建立治疗对象和治疗师之间的联盟时,他们提到,当治疗师创造出一种安全的、赋予治疗对象权利的环境,使治疗对象的状态正常、冷静,给予治疗对象希望,并支持和赞美治疗对象时,这种联盟就建立起来了。此外,他们还提到,如果治疗师能从治疗对象的初始状态中帮助他构建出治疗意义,也能巩固治疗联盟。当提到情感支持、营造有希望和共情氛围时,治疗对象们认为,这些减少了他们的恐惧感,改变了他们对治疗的态度。不仅减少了治疗对象的恐惧,还为将来的治疗工作奠定了基础[麦克法兰(MacFarlane),2015]。

　　许多参加小组已多年的人仍然缺乏改变的动力。无论怎么吸引他们,鼓励他们看到小组的支持和改变能给自己带来的好处,他们还是拒绝接受。他们往往不认可我的治疗目标,有时甚至很难与我建立起信任,也很难与其他成员建立联系。作为引导者,要把拼图的所有碎片拼好——让他们意识到改变的重要性、理解改变的困难、认清阻力,是一项艰巨的任务。

第五章　责任

所以我决定求助。我认为真正的问题与她无关。我意识到她永远不会停止扮演受害者,而我就是那个坏蛋。我没有能力改变她。这不是我能改变的问题。所以我做了一个决定:我要为自己寻求帮助。现在我很清楚,这是我一生中做过的最对的决定,也是最难的决定。虽然不容易,但我的自尊心现在强多了,我的耻辱感不再加深。我学会了原谅,我爱我自己。

——华莱士(Wallace)《对丑陋人物的简访》(*Brief Interviews with Hideous Men*),2003 年,第 33 页

我工作的暴力治疗与预防中心成立于 20 世纪 90 年代,旨

在帮助在亲密关系中遭受暴力的女性。最初几年,它增强了人们关注针对女性的暴力(包括家庭暴力和公共场所暴力)的社会意识。当时一个普遍的共识是,对于亲密关系中的暴力,女性总是被冒犯的一方。因此,就像以色列的其他中心一样,该中心一直在女性主义范式的指导下行事。这种范式将针对妇女的暴力视为一种普遍的、社会和文化上可接受的事件,这源于支持男性支配和控制女性的社会制度(多巴什和多巴什,1998)。此外,当时可以接受的看法是,亲密关系中的暴力是两个亲密的人之间情感复杂化的体现,主要是为了控制对方,而暴力行为是实现这一目标的一种方式。对男性进行干预的前提,是认同暴力是性别不平等的一种表现,也是男性试图在女性面前建立优越感的一种表现。因此,在职业生涯早期,我以为亲密关系中双方相互升级暴力事件或男性为暴力受害者的情况[施特劳斯(Straus),2015]是不存在的。

我在中心的工作是基于这些已被广泛接受的看法来开展,而且我就是按照这些看法去理解有暴力表现的亲密关系的动态过程的。一些男性称自己的暴力行为是对伴侣暴力行为的回应,或者说成互相施暴。我并不认可这种看法,甚至对此不屑一顾。我当时以为,说这些话的人只是想否认和逃避责任。此外,由于我在职业生涯早期持有刻板的性别观点——攻击性和暴力是男性特征,而受害者和软弱是贴在女性身上的"标签",我很难想象男人会被女人伤害,或者女人会去伤害男人。

尽管如此,这些年来我还是遇到了以上提到几乎所有类型的暴力情况。事实上,许多男性确实对他们的伴侣有过暴力行为,且这些暴力行为有许多表现形式,主要包括情感上、经济上和身体上的虐待。但我也遇到过许多遭受伴侣暴力的男性;遇到过不少夫妻,他们之间暴力发生的主要特征是不断相互升级;我还遇到过同性恋的男人和女人,他们都是受害者,或者都会对伴侣使用暴力。

随着经验的积累,我对于男性对自身暴力行为的责任意识的看法已经发生了转变,从女性是暴力受害者、男性是施暴者的普遍看法,转变为双方都可能要对暴力行为承担责任。我越来越清楚地认识到,持续暴露在施暴者面前的受害者,可能也应该承担责任。这令我想起一个男人,他经常抱怨伴侣对他使用暴力,包括肢体暴力和情感暴力,但他却没想过结束这段感情;还有一个男人处在一段双方都会使用暴力的关系中,几年内,他们数次分手,尽管几度卷入官司,他还是选择复合,直到后来他才决定和对方离婚。因此,停止暴力行为的责任可能只在于施暴者,而停止暴力行为所造成的痛苦的责任则要由双方共同承担。当然,不允许受害者有任何选择的情况除外。这种情况通常涉及文化方面的问题(极力维护家庭荣誉、禁止离婚等)——因此需要原生家庭的高度介入,或者是女性患有精神障碍的情况。

另一个需要解决的问题是如何看待"责任"这个词。我们期望一个有暴力行为的人对自己的行为负责并承担后果,但这是什么意思呢?是为整个暴力事件负责吗?我们应该如何看待引起暴力的刺激因素?如果受害者以强迫性的方式行事,那暴力事件中他或她自身的责任有多大?我们应该如何将导致暴力结果的部分联系起来[卡拉库尔特(Karakurt)和卡比(Cumbie),2012]?我们该如何应对那些无法控制情绪的、受过创伤的男性?应该从哪里开始承担责任?又到哪里结束?当然,当暴力行为发生时,责任就开始了,但是我们应该如何看待促使暴力事件发生的因素呢?为了帮助施暴者处理他们的攻击行为,我们应该把每件事都看作在特定的背景下发生的。

由于亲密关系中暴力行为责任问题的复杂性,为将它放到特定背景下看待,我开发了"亲密关系中暴力行为责任模型"。这个模型从三个方面来看待每一方的责任:升级、爆发和消除痛苦。这个模型还使我们能够清楚地区分暴力行为的责任归属和导致暴力事件发生的因素:

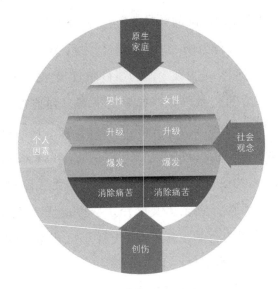

暴力事件发生的动态过程

这个模型基于对长期亲密关系中的暴力的演变分析,认为诸如原生家庭、性别差异、创伤和个人因素等背景(外圈),影响着(施暴者和受害者的)暴力行为的性质。这个模型让双方都可能需要对争吵的升级、事件爆发、终止暴力关系(从长远来看,消除痛苦)负责。该模型的内圈是暴力事件中的三个动态过程:

升级→爆发→消除痛苦

升级:这个部分是指双方对吵架升级到暴力事件所承担

的责任。有时候,双方都促成了升级,而有时候只有一方促成了升级。

爆发:这部分指的是双方对暴力事件的爆发承担的责任。当暴力行为是出于自卫时,不应承担任何责任。暴力事件可能是单方面的——性暴力就是一个明显的例子,在这种情况下,只有施暴者需要对暴力行为负责,不同于双方互打互骂的情况。如果是双方互打互骂,那么该由双方共同承担责任。

消除痛苦:这部分指的是双方在暴力结束后为防止再次发生暴力事件所承担的责任。预防暴力事件再次发生,可能双方都有责任,也可能只要一方负责。

以下三个例子可用上述模型分析:

年近三十的多列夫(Dolev)有偶尔吸食毒品的习惯。他的女朋友叫哈吉特(Hagit)。刚开始在一起时,哈吉特能接受多列夫这种不良行为,但一段时间后,她希望他改掉这个习惯,还会说一些他不乐意听的话。于是多列夫对她说,他不想讨论这个话题。但哈吉特根本不予理会,还会提高音量。直到多列夫开始大声骂她,吵架才停止。据他所说,那是唯一能让她安静下来的方法。

在这个例子中,哈吉特应该对吵架的升级负责,多列夫应该对暴力事件(骂人和羞辱)负责,他们都应对吵架的发生和蔓延负责。而且多列夫和哈吉特都能够防止下一次吵架。

三十五岁左右的男子沙伦（Sharon），不让妻子盖尔（Gal）去找工作。他认为她应该在家照顾小孩、做家务。盖尔告诉沙伦她找到了工作，而且月底就要去上班了，沙伦一怒之下打了她一巴掌。

在这个事件中，沙伦要对暴力的升级和暴力事件负责。沙伦和盖尔都有责任消除痛苦：沙伦可以去治疗他的愤怒问题，盖尔可以决定起诉、和沙伦分手或寻求帮助。

大卫（David）和奥马尔（Omer）结婚已经五年了。奥马尔怀疑大卫有婚外情。大卫不让奥马尔查手机，还因为奥马尔吃醋而生气。最近几次吵架的时候，大卫让奥马尔把手机还给他。说了几遍奥马尔都不肯还。于是大卫打了奥马尔，然后两人就动起手来。直到大卫把奥马尔的鼻子打伤，两人才停下来。

在这一暴力事件中，奥马尔应对冲突升级负责，大卫和奥马尔都要对暴力事件负责，也都要负责消除痛苦，比如大卫可以选择和奥马尔分开或画定"界线"，要求奥马尔不要乱吃醋。在这种情况下，很容易想到，大卫应该为暴力事件和他的暴力行为所带来的进一步影响负责。但奥马尔和大卫本可以通过分开来阻止事态的升级，而他们却选择了肢体冲突，所以两人对此都有一定责任。

模型的内圈指的是暴力事件动态过程的责任问题，而外圈则涉及导致暴力事件发生的各种变量：

原生家庭：导致伴侣之间冲突发展的常见变量之一是原生家庭的过度参与，或该参与时不参与。比如，重视群体主义的原生家庭，其家庭成员认为自己有权参与每一方的决策；或者反过来，在受害者遭受痛苦时袖手旁观，从而阻止了他们打破暴力循环。因此，后一类家庭经常阻止女性远离暴力的伴侣，甚至阻止他们离婚。有个女性受害者的哥哥曾威胁她说，如果她敢离婚，就杀了她，哪怕她的丈夫曾经打过她。

社会观念：指伴侣双方将自己在社会环境中的社会角色或情感中的角色进行内化理解，然后形成对于亲密关系和其他关系的个人观点。比如，有的人对家庭内部角色有着坚定的性别观念。如果一个男人内化的性别观念是男人在家庭中的地位比女人高，那么，让他参与家务和照顾孩子，就会导致冲突。

外部因素：外部因素可能是创伤、损失、忽视和虐待、使用精神活性物质等等。这些都可能触发暴力升级、爆发、消除痛苦这三个变量。一个曾被父母一方遗弃的人会对别人的抛弃更加敏感，也可能难以相信别人。这种过度敏感可能导致情绪失控,进而导致矛盾升级、暴力事件爆发,或者因为害怕再次失去而不愿开始一段关系。又比如对那些患有创伤后应激障碍、无法调节自身情绪的人来说,一次不如意的事件可能导致情绪失控,进而引发暴力事件。

个人因素:情感和认知的缺乏(比如过分自信、低自尊、有注意力缺陷、性情暴躁、感官或身体存在障碍、有精神问题等)可能会影响冲突的局势,并最终导致冲突升级和暴力事件爆发。这些因素会导致痛苦情绪被拉长,因为自身没有意识到自己值得拥有一段更好的关系,或者很难相信自己有能力拥有一段更好的关系。

该模型不认为暴力事件中的暴力回应行为(通常是女性的)是防御行为。它对称地看待双方的暴力行为。事实上,在一些暴力事件中,受害者会出于自卫使用暴力,但以我的经验看,这种情况很少。因此,了解暴力动态过程,区别因自卫而实施的暴力和暴力回应行为(源于受害者的愤怒)非常重要。不是所有的暴力回应行为都是防御行为。无论怎么看,亲密关系中的暴力行为都会加剧紧张。

该模型的优点是能区分暴力动态过程中的三种责任。此外,它还能区分责任和促进暴力动态的因素。该模型有助于我们对施暴者采取更精确的治疗方法,他们在接受治疗的时候,常常拒绝对整个暴力事件负责。而区分在升级、事件爆发和消除痛苦整个过程中的责任,理清促使暴力事件发生的因素,有助于帮助治疗对象负起自己的那部分责任。此外,区分这些能防止治疗对象将事件的刺激因素当成其暴力行为的借口,形成他自己才是受害者的认知。

根据我的经验,当施暴者的行为没有被普遍化,当他们觉得自己被理解了,且治疗师结合他们的背景来看待他们时,他们就更容易为他们的暴力行为负责。而当他们的暴力行为被普遍化和污名化后,他们就很难对自己的暴力行为负责。普遍化的一个例子是将男性的暴力归因于控制成瘾[艾恩斯(Irons)和施耐德(Schneider),1997]。在我看来,这只适用于少数有暴力行为的男性,并不适用于大多数男性。上瘾者遇到刺激时,总是控制不住自己(比如整天喝酒或一天抽好几次烟)。大多数有暴力行为的男人之所以使用暴力,都与某种刺激有关——他们能够对某一种刺激保持冷静,但面对另一种刺激会失控。因此,他们对另一方的控制是选择性的。

> 年近四十的已婚人士埃胡德(Ehud),是四个孩子的父亲。每当妻子指责他的家人时,他就会骂她、贬损她。对他来说,任何一种伤害他家人的方式都是一种刺激因素。但是,当他不满妻子对待孩子们的行为——大多是她吼他们、骂他们时,他却没有反应。

我们可以从这个例子中看到,埃胡德对妻子的控制是选择性的。这个例子说明，要发展一种现象学的观点来理解暴力行为，这种观点让我们明白，不应该将施暴者的行为动机普遍化。

此外，许多施暴者很抵制"暴力分子"一词，因为它具有消极含义。他们认为这只是一种常规的标签，并不能真正反映他们的行为。因此，为了增强他们参与治疗和改变的动机，最好不要把他们和这个词联系起来，尤其是在治疗早期。我们应该考虑使用"不尊重""冲动""身体或情感伤害""干扰""造成痛苦""强迫行为""麻木"等词来描述暴力行为。如此，他们才不会觉得治疗是对他们的攻击。

慢慢地，我内化了对"暴力分子"一词的理解，因为它有可能概括和定义一个人的身份，从而引发对其的批判性态度。根据这一定义，人们很容易错误地认为，应该随时提防被定义为此的人，因为他们可能难以控制地实施暴力行为，但事实并非如此。我和成百上千的男性打过交道，有时候，我确实不得不面对他们的言语暴力，但他们却从未对我使用过肢体暴力。此外，对于我遇到的大多数男性来说，暴力行为并不是一种普遍的行为模式。一小部分男性在日常生活中确实表现出了暴力行为模式；但在其他人身上，暴力行为是在各种关系中表现出来的。大多数情况下，暴力行为与离婚危机、财政危机、抚养孩子造成的压抑、原生家庭的过度介入、对暴力的反应、焦虑，以及精神活性物质和抑郁症的影响等有关。因此，要让他们为自己的行为负责,我们必须在特定背景下看待他们的暴力行为,避免武断地用这种行为定义他们的身份。

　　尽管我会对那些施暴者产生共情,也需要去了解他们的行为机制,但仍然需要强调的是,暴力行为是没有任何正当理由的。帮助这些人打破暴力循环的专业人士要持有一种清晰而持久的否定这种行为的价值观。即便亲密关系中存在分歧、争论或紧张,也没有理由做出伤害性的行为。施暴者常常把自己的暴力行为归咎于伴侣,从而推卸自己的责任,实际是他们不努力控制自己的攻击性冲动,却为自己控制伴侣的意图辩解。

　　为了改变暴力行为而参加治疗,使他们对现在和过去的行为负责。而这种承担责任和解决问题的能力,反映他们全身心投入治疗并坚持治疗的决心[卡特利特(Catlett)、特夫斯(Toews)和瓦里尔克(Walilko),2010]。治疗对象只有对引起伤害性行为的想法和行为模式负起责任,并意识到上述行为与其所遇到的关系危机之间的联系,才能下决心改变,并且真正去实行。如果他们忙于否认伤害行为(即使他们有时是暴力行为的受害者)或将他们的暴力行为定义为回应性行为并拒绝承担责任,那么他们无法得到帮助。如果治疗对象坚持受害者立场,认为痛苦的原因仅仅与外部事件有关——比如选择了一个令人失望的伴侣、残酷的现实、过去经历的创伤或委屈,那么他们也无法得到帮助。尽管我们对治疗对象的痛苦遭遇表现出理解和同情,但如果他们不愿承担责任、不去了解自己对暴力事件的促发作用,那么他们将永远无法改善他们的情感状况。

　　小组中的一些人在治疗开始时就已经对自己的行为承担起了责任,而另一些人直到发现自己的行为成为他们干预过程中的主要问题时才开始承担起责任。在对治疗对象进行干预时,我们应该把承担责任当成一个治疗必经的过程。他们越信任小组其他成员、引导者和治疗过程,就越能连贯地讲述他们的暴力事件——不会感觉有人对他们评头论足,他们就越容易看到自己在暴力动态发展中的作用,越容易对自己的行为负责。要将治疗资源集中在改变过程本身,让这些治疗对象承担责任是必须克服的难题。

第六章 愤怒、无助和控制之间的联系

因为那该死的灵魂一直在我们身上摇摆不定……它先是想要这个,然后又想要那个。前一秒它会用狂喜和烟火将你照亮,下一秒它就用棍子打你的头。前一分钟还欲火中烧,下一分钟就兴奋过度……

——格罗斯曼(Grossman)《一匹马走进酒吧》(*A Horse Walks into A Bar*),2014 年,第 36 页

只是对暴力行为负责还不够,要让施暴者明白他们的内心发生了什么。为了解决暴力问题,我们应该把目光转向他们的内心世界,了解驱动暴力行为的情感机制。如果不了解和掌握情感因素及其在亲密关系中所起的作用,就无法描述

治疗亲密关系中的暴力这样一个复杂的问题。所有的治疗方法都强调情绪是行为动机中的一个重要因素，并强调让治疗对象关注自己的情绪。这并非没有原因。

说到在亲密关系中表现出暴力行为的男性的情感机制，需要了解愤怒、无助和（与控制有关的）焦虑等情绪对暴力行为的影响。本章中，我们将重点探讨这些因素以及它们如何在对伴侣有暴力行为的施暴者心理中起作用。此外，我们将利用愤怒、无助、暴怒和失控造成的焦虑之间的联系来理解"统一整体和控制错觉幻觉信念模式"，并讨论它对治疗的贡献。

情绪

治疗中心的治疗对象们往往不会直接谈论他们的情绪状态，如果我问他们感觉如何，他们也不会回答。"一切都好"是对"你还好吗"这个问题最常见的回答。即使是在夫妻关系面临危机的时候，比如男方被"软禁"、不能见他的孩子，或者濒临离婚的时候，他也会这么回答。在干预那些使用家庭暴力的男性时，他们的淡定状态和隐藏脆弱情绪的想法是主要问题。

沙乌勒（Shaul）在和前妻吵架六个月后加入了小组。

据他所说,他被前妻打伤了,她先动的手,作为回应,他把她推开了,然后他拿走钥匙,把她赶了出去。她出去后又带着警察回来,警察逮捕了他。他被限制在外,两个星期不能回家。于是他决定搬到他母亲家。从那以后,他再也没有搬回前妻那里,他被限制期间二人离了婚。在前妻提出指控后,他背上了犯罪记录。在小组课上,我常常会问一些问题,以便了解他的关系危机、过去的经历和导致他来中心的暴力事件。在和沙乌勒的谈话中,我发现他很焦虑、紧张。在课程快结束时,我告诉他我发现他的情绪很不稳定,我问他感觉怎么样。他忍不住哭了起来。原来,他最担心的是由于犯罪记录而变成失信人员,之后他可能会丢掉工作。在整个治疗过程中,他一直担心我不会接受他,担心他会失去撤销刑事指控的机会。尽管我问起,沙乌勒还是不敢多谈论这些事。

和治疗对象进行的类似的对话有很多。他们往往不会主动表达自己的感受,即使被问到也不想说。由于缺乏情感表达能力或者不好意思、怕被视为脆弱的人,很多人都不愿表达自己的感受(克鲁格曼,1995)。许多参加治疗小组的人都成长于抑制情感表达的家庭、文化和社会环境中,就像沙乌勒一样。五十多岁的齐夫(Ziv)告诉我们,在他小时候父亲会毫不留情地打他。为了不被打得更狠,齐夫会忍住不哭,因为他知道,哭只会让父亲更生气,如果他一直哭,父亲就会一直打。

还有一些男性在亲密环境中曾公开、主动地表达自己的感受时,但遭到了其他男孩的侮辱,比如说他们是"同性恋"或"娘娘腔"。这些男孩在成长过程中,越来越羞于表达自己,以免显得自己不够坚韧。因此他们选择隐藏或者压抑自己的感受,所以他们长大以后察觉不到自己的感受,甚至身体感觉。因此,对伴侣表现出暴力行为时也很难意识到自己的敌对情绪,包括愤怒、怀疑、不安、焦虑和抑郁[达顿(Dutton)和格兰特(Golant),1995]。

小组课开始的时候,我常常会问"大家感觉怎么样啊?"通常都是一阵沉默,大家难以谈论当前自己的感受。许多人难以识别或感受这些情绪,于是只能借助认知进行逻辑性的推断。此外,他们之所以沉默,是害怕被其他小组成员看作脆弱的人。他们不相信,当他们表达脆弱情感时,能得到别人的共情。在他们的记忆中,自发表达感受或情绪会遭到轻蔑,甚至会被要求闭嘴,他们带着这样的记忆来到小组,所以认为自发表达感受或情绪是一种冒险行为,避免表达感受或情绪才能让他们身处安全地带。羞耻感、不尊重倾向和展现脆弱情绪是弱者表现的观点,使得小组成员们在亲密关系中难以使用有效的方法应对痛苦、冒犯和脆弱等情况。他们难以辨别、投入和思考当前正在发生的事,难以与伴侣和专业人员交流——因为这需要实时地表达真实感受。于是他们选择利用自己的认知能力,通过解释和行动表现出来,包括冷漠或暴力行为。

有几种方法可以解决这些治疗对象在表达情绪时遇到的困难。首先,专业人员要能理解他们的困难,理解他们暴露情绪时可能存在的担忧。有一种综合性方法可以帮助治疗对象用语言表达他们的情绪和发展情绪、意识,包括行为干预和心理教育干预,且大多在心理动力学治疗的早期使用。列万特建议(1998),早在吸收阶段和治疗开始时就应评估治疗对象识别和表达情绪的能力,除了了解他们的个人经历外,还要尝试了解和评估治疗对象的表达能力。因此,我们可以在最初的评估阶段了解到,治疗对象是否存在不知道如何表达自身感受的情况,是否能够轻松地描述自己的情绪,这些情绪的存在是否会让其感到尴尬或困惑,或者是否明白什么时候必须将这些情绪表达出来。此外,我们可以问治疗对象,是否知道自己的愤怒情绪之下隐藏着什么:"你生气的时候,是否感到难过、害怕、被侮辱或无助?"我们可以衡量治疗对象对于依赖、关心和其他积极情绪的感受,比如关心、被需要、喜欢、吸引、兴奋、感激、爱、亲密、关联、认同等。但要记住,对于男性来说,说出情绪不一定管用,除非这些情绪被承认——就像在心理治疗中那样,然后得到释放。这个方法可以让他们弄清楚,什么时候表达自己的情绪更舒服,他们什么时候更愿意隐藏自己的情绪,他们对表达情绪有什么看法,哪些情绪在公共场合更容易表达、哪些更难表达。我们可以用红绿灯的比喻来问治疗对象,他们什么时候会抑制情绪的表达,什么时候会谨慎地表达,什么时候可以安全地表达。基于治疗对象表达情绪的能力,对其精神状态做出确切诊断,可以揭示治疗对象的身体机能、和生命中重要人物的关系,以及对伴侣的暴力行为的内因。

对于小组成员想要避免触及自己的情感和情绪失控问题,群体治疗让他们的这种愿望更难实现,但这是群体治疗的一个好处。即便有一个治疗对象试图避免情绪表达上的交流,而其他治疗对象不一定想这样,所以这是他们自己难以掌控的。对于引导者来说,这种差异给了经历治疗对象的暴力行为被曝光和情绪失控的机会,并帮助他们留在"情绪的海洋"中,而不是试图用分裂、合理化、投射和分离等防御手段来驱散焦虑。

表达情绪的方法有很多:言语的,包括说的和写的;非言语的,肢体语言。我们可以使用工作表或在一页纸上列出情绪的名称,来提高情绪表达的能力,也可以向治疗对象解释识别情绪对改善他的情绪状态的重要性,并要求其每天记录自己的情绪(恩格拉-卡尔森,2006)。此外,引导治疗对象包容和接纳自己的诸如恐惧、悲伤、无助和担忧等情绪,使他们免于惊慌,也很重要。我们可以使用心理教育方法,让治疗对象了解表达情绪的重要性,并帮助他们区分主要情绪(比如失望、恐惧和痛苦)和次要情绪(比如愤怒和复仇)。此外,我们应该帮助治疗对象学会用语言表达他们的情绪,然后逐渐开始在公共场合表达他们的情绪。可以通过布置"家庭作业"的方式来帮助他们,比如识别和记录他们所经历的情绪;识别并记录一周中对他们来说很重要的人的情绪;尝试分辨隐藏在愤怒和侮辱之下的东西;尝试从 1 到 10 来界定他们所经历的情绪的强度;尝试以一种直接的方式向周围的人表达自己的情绪,等等。

　　引导者揭露自己的情绪,供治疗对象学习、研究和模仿,这也是一种方法。慢慢地,我看到了我的情绪表露对于小组成员的作用。我在治疗期间主动暴露自己的情绪,他们可以认同我的情绪,也可以抵制或表达不同的情绪。凯伦·J.马洛塔(Karen J. Maroda,1999)认为治疗师的这种奉献是对病人的一种深刻的情感投入,是治疗成功的先决条件。她鼓励治疗师表达自己的情绪。根据她的说法,治疗师在表达情绪方面起着树立榜样的作用,反过来也有助于治疗对象表达自己的情绪。治疗对象需要通过模仿来学习情感语言,以应对过去的创伤和日常的压力。重要的是要记住,还有一部分童年早期的真实情感,由于不受尊重和创伤经历而被压抑着。在治疗过程中,治疗对象与治疗师之间和小组成员之间的情感交流,有助于他们更全面、更有效地理解过去的生活经历。马洛塔提供了一些方法,帮助治疗师克服对情绪表露的恐惧,比如避免姑息治疗对象犯的错。此外，她建议治疗师多揭露一些具体情绪，少揭露一些经历细节。治疗师的自我表露除了具有丰富治疗对象情感语言的作用外，按照马洛塔的说法，还能深化治疗关系中的真诚和人性化体验。

愤怒

当治疗对象直接表达情绪的时候，暴怒和愤怒是其中两种常见的情绪。阿伦·甘地（Arun Gandhi）在他的书《愤怒是生命给你最好的礼物》（*The Gift of Anger*）中建议我们利用愤怒做好事情："愤怒对人们来说就像汽油——它驱使我们到达更好的地方。"对伴侣有暴力行为的男性很难将愤怒视为一种礼物。对他们来说，愤怒在大多数情况下与暴怒相关联，因此被认为是一种危险的情绪。而暴怒与愤怒又不同，是一种很难处理的情绪。在暴怒状态下，身体和意识会对当下生存困境作出反应。在这种模式下，我们的身体会产生生理性的警觉反应，其中包括脉搏加快、出汗和口干舌燥等。于是诸如失望、侮辱、悲伤、忧虑、恐惧和痛苦等脆弱情绪，被输送到暴怒的"管道"中，一心只想解决问题——如何使威胁对象沉默。

关于情感体验，许多小组成员都称自己在和伴侣吵架的时候会情绪失控。当一种脆弱的情绪转化成愤怒和暴怒，会导致破坏性和失控的反应。因此，即便愤怒和暴怒对他们来说是常见的情绪,他们也不喜欢与之为伴。愤怒之所以如此复杂,是因为它是施暴者的一种投射情绪。当感到愤怒的时候,他们会去寻找他们以为导致了愤怒的东西,并归责于它。他们把悲伤、无助、内疚、羞耻、嫉妒或其他一切不良情绪归咎于另一方(对象)。在亲密关系中,他们通过这种机制,认定伴侣应当对自己的不良情绪负责。他们利用愤怒来投射责任,就像婴儿因为父母没有安慰他而发怒一样。有人可能会说,暴力行为其实是一种无法抑制的失望被转化成了"投射性愤怒"(暴怒)。因此,暴怒是将这些脆弱情绪的责任推到伴侣身上的方式,因为他对她的期望没有实现。从这个意义上说,在亲密关系中表现出暴力行为的男人,通常期望伴侣一直当他们的安慰剂和调节剂,不应当令他们失望。

对于这些男性来说,要把愤怒视为一种"礼物",他们必须意识到亲密关系中失望是难免的,并且摒弃对对方不尊重,摒除害怕脆弱情绪存在的心理。他们必须对自己的情绪负责,并且在心中给它们命名,为它们留出空间。只有这样,愤怒才能被呈现和抑制,也只有这样,愤怒才可能转化成自我同情。当他们对伴侣的失望行为表现出不加评判的态度,并且理解这种失望是人之常情,这种转变就会发生。因此,在干预中,重要的目标之一就是帮助他们学会友好地对待愤怒。

当愤怒没有被投射出来时,它就成了我们生命中所珍视之物的一种表达。倾听愤怒可以帮助我们定义我们认为重要的事情。当我们因为伴侣认为我们做某些事是理所当然的而感到愤怒时,说明我们想成为被认可和接受的伴侣。愤怒是通往我们内心世界的一扇门,帮助我们标记出对自己而言重要的想法和事物。愤怒也可以作为通往我们情感创伤的大门,一方面唤醒我们对孤独的恐惧,和被拒绝的痛苦,或者让我们重新面对过去未修复的创伤;另一方面,愤怒又鼓励我们对伤害我们的人采取报复行动。我遇到的大多数男性在伤害别人后都会后悔。对他们来说,暴力行为与他们所珍视的东西是相矛盾的。但是,当他们生气时,很难与自己的脆弱共处,也难以让愤怒转化为自我同情。小组成员会说,因为他们引发生气的"导火索太短了",他们还来不及从 1 数到 10,愤怒就爆发了。据他们所说,他们才数到 3,就会对愤怒对象采取攻击行为。在暴力行为发生之后,他们大多数人会后悔并希望做出弥补。在少数情况下,他们会因自己给他人造成痛苦而沾沾自喜、优越自大。这两种情况都会阻碍我们以不带评判性的方式应对愤怒,也更难使愤怒成为一种推动自我理解的方式。

　　三十五岁左右的尼尔(Nir)参加小组已经快一个月了。有一天他怒气冲冲地来上课,还在课上出口伤人。那一周,尼尔出庭等待判决。法官判决尼尔完成六个月的社区服务,他非常生气。他认为这直接影响了他的谋生和自我恢复能力。据他所说,包括我在内,大家没有看到他的痛苦,不但不帮他,反而让他更难取得改变。治疗课开始时,他坐在自己的位置上,甚至还没脱下外套,就开始大喊大叫,咒骂法官、缓刑官和社工,还间接讽刺我。他毫无顾忌地大喊、咒骂,可见有多受伤。一个小组成员出去给他拿水,而其他小组成员面面相觑,等着我说话。他们希望他停止暴力行为。几分钟后他平静下来。这时,我让他往后靠,脱下外套,深呼吸,他很配合。他放松下来后,我让他再一次和我们分享他的愤怒,但这次不准喊叫、不准骂人。其他成员就倾听他诉说痛苦。但每次他要提高嗓门或咒骂时,他们都不得不阻止他,然后提醒他不要大喊大叫、不要骂人。他说完之后,其他成员的反应也主要针对他说话的方式,和他大喊大叫以及骂人时他们的感受。

尼尔的行为让我们明白了暴怒行为的破坏性和危害。尼尔对自己的行为感到后悔,甚至为自己说话的方式道歉。在课程结束时,我们感谢他给了我们机会了解愤怒的不同表达方式。从这方面讲,群体治疗的优势在于,小组可以被看作一个社会缩影,在这个"小社会"中,各种情绪浮出水面,尤其是愤怒。此外,治疗对象还可以了解到,他的行为在最亲近的人身上会引起什么样的情绪反应。小组成员的反应是一面镜子,可供我们借鉴。对于愤怒甚至暴怒等情绪,其他组员大多会立即作出真实的反应——认同、批评,通常还有攻击性的、未经过滤的反应。这与小组引导者的反应不同,引导者的反应多是包容和理解。因此,在尼尔的例子中,发生在"此时此地"的愤怒和激愤的互动,让小组成员了解了暴力的动态,愤怒是如何转化为暴怒的,以及暴怒是如何被投射到那些他认为要为他的痛苦负责的人身上的。在小组内,尼尔被允许在一种可控的范围内表达和调整他的愤怒,这增强了其他组员帮助他的想法,也可以让他们了解到未经处理的愤怒意味着什么,最终学会用其他方式表达愤怒。

无助

无助通常隐藏在愤怒之下。一般来说,男性,尤其是有暴力行为的男性,很难承认无助这种情绪在自己身上存在,而且它有时会转化为愤怒甚至暴怒。因此,多年来我一直确信,在治疗工作中,对无助感问题的治疗应占有一席之地。事实证明,无助感的"名声"确实不好。在心理学上,它被认为是一种与无能和消极相关的情感,会让人难以处理生活中的任务。因此,加之它与悲伤和抑郁的关系,它甚至可能变成一种危险的情绪[亨克尔(Henkel)等人,2002]。此外,在男子气概方面,无助感也没有得到认同,它被认为是女性化的情绪,代表软弱,因此男性都避免和它"沾边"。但它和其他一堆情绪仍然存在于男性身上,这些情绪包括自卑感、不安全感、需求感、依赖感和恐惧感——都具有女性化的含义。许多参加小组的男性都坚持一种传统观念,否定脆弱情绪的存在和不愿意表达它们[费舍尔(Fischer)和古德(Good),1997]。此外,无助感往往与创伤经历有关。朱迪思·赫尔曼(Judith Herman)在她的书《创伤与恢复》(*Trauma and Recovery*)中提到,无助感没有处理好,就会变成情感创伤(赫尔曼,2015)。陷入创伤性事件容易使人采取极端行为,这些行为往往伴随着担忧、恐惧、绝望、失控和无助。因此,无助会引起基于创伤记忆的焦虑,而它最常见的防御办法是情绪分离——试图压抑记忆,以防痛苦情绪失控。因此,在小组中承认和表达无助感是一大挑战。

我倾向于把无助视为一种存在状态。人们每天都要面对无法改变的情况。有些事不太可能发生,我们却期待它发生,所以难免紧张。在这种情况下,接受无助感的存在能让我们放松下来。在人际关系中,如果接受不了我们无法控制的一些特定情形,想要改变它,就会不断挣扎。有很多这样的例子:"不知道要跟妻子说多少遍,我喜欢家常菜""我不喜欢我妻子的朋友,让她不要再和他们交往,说了几十次了""我的妻子在照片墙(Instagram)上晒孩子们的照片,我不同意她这么做""我希望家里干净整洁,可妻子带着孩子们总是把家里弄得一团糟”,等等。其中有一个男人突然顿悟似的说,他为一生中经历过的所有无助的挣扎感到难过。每次我提出要接受无助感造成的痛苦,都会引起他们的反对和愤怒。他们鄙视我接受现实、放弃挣扎的态度。

50多岁的伊扎克(Itzhak)已经是三婚了,他和第三任妻子里纳特(Rinat)有一个女儿。最近一次吵架是因为他们在再要一个孩子的问题上产生了分歧。吵架的时候,伊扎克和里纳特相互推搡,里纳特被他狠狠地打了一下,撞到了胳膊。里纳特报了警,然后伊扎克生平第一次被逮捕了。他参加这个小组时,已经被赶出家门四个月,被“关”在父母家里。他每周只能在探视中心见女儿一个小时,而且被接来上完治疗课后必须返回。伊扎克是个承包商,当时生意上又遇到了麻烦。可想而知,他在短时间内遭受了许多损失。这些损失加在一起对他来说是一次创伤性的经历,引发了强烈的无助感。

就像其他人一样,伊扎克也难以接受落在他身上的无助感,并想方设法改变它。在加入小组的头三个月里,他大部分时间都很生气。他来到小组后,因为觉得发生在他身上的一切太不公平而大发脾气。他难以接受眼前不理想的现实。面对他当前的情况,我能提供的唯一建议就是接受无助感,允许随之而来的痛苦存在，将无助感视为应对生活中各种状况的"资源"。刚开始几个月我没有和他单独说过什么。伊扎克认为我的建议很失败：他一直都在艰难地奋斗，不打算放弃；我建议他接受无助感就是让他向不理想的现实投降。当男人拒绝接受无助感时，他们会充满愤怒——也包括对我的愤怒，并发起一场"必败之战"，只是让他们进一步看到自己的局限性。

不能接受现实的不理想，会导致持续的挣扎，同时形成愤怒、怨恨、仇恨、暴怒和报复等情绪。伤害行为会造成无助感，排斥这种无助感的方式之一就是报复。报复行为会恢复男人对于权力的幻想。这证明了他们渴望释放由于拒绝接受无助感而积累的愤怒。在我看来，这准确地解释了一些暴力行为的原因。他们永不放弃和战斗到底的目的是对无助感的内在抵抗，这种无助感基于对男性气概的传统认知[康奈尔(Connell)，1995]，是许多人痛苦的根源。佛教心理学的第一个核心观点是人的存在意味着痛苦，而痛苦是可以解脱的。心理学对痛苦和疼痛进行了区分。痛苦是一种情绪，就像无助感一样，是不可避免的。而疼痛则是对(焦虑、困惑、嫉妒、愤怒、暴怒等形成的)不可避免的痛苦的反应，它源于我们对痛苦的一种执着的幻觉——痛苦在任何情况下都能被治愈[克伦菲尔德(Kronfeild)，2009]。我所遇到的许多人的痛苦都源于他们的固执，他们总是拒绝接受无法避免的痛苦。他们不愿意看到它所具有的破坏性。

　　时间越久，伊扎克越觉得自己的痛苦无以复加，于是他决定放手——放弃斗争。尽管困难重重，在某个时刻，他还是提到想回到伴侣身边。他明白家是一个充满斗争的地方，在那里他或多或少都会有不安全感。也许，妻子想再要一个孩子，并且不愿放弃这种希望，这使他处于危险之中。加入小组后，他不想再要孩子的决心越来越强烈，在他回去和里纳特一起生活之前，必须先解决这个问题。在和里纳特的谈话中，他向她明确表示，不想再要孩子这件事对他来说是板上钉钉的事，只有她接受，他才会回去和她一起生活。谈话结束后，伊扎克和里纳特重新住在了一起。正如我们在这里看到的，伊扎克接受了他的处境，放下了对现状的挣扎，腾出时间来思考未来，重要的是他也能让伴侣明白这一点。因此，接受无助感不是一种回避行为，而是一种注意力从情感导向我们能够执行的行动上，且有别于那些漫无目的的行动的行为。

　　这些年来，我也学会了接受这种无助感。事后看来，我在职业生涯初期也很难接受不同情况下自己经历的无助感。缺席、不恰当的交流、咄咄逼人的对话、轻蔑的语言和拖延，都被我认为是对群体治疗进程的破坏。我担心治疗不会像我希望的那样顺利进行，而事实上确实没有像我期望的那样进展顺利。但许多年过去了，我意识到这个过程并不是由我设定的，现实也并不是我以为的那样。小组里的成员都有自己的节奏，自己的需求和愿望，我没有能力控制他们。我意识到，如果我想体验一种情绪的流动与变化,就应该接受这种无助感。接受拖延、攻击性和愤世嫉俗的言论是让这个小组持续存在下去不可避免的,甚至将其作为跟组员交流对话的素材,讨论在亲密关系和一般关系中什么是重要的。

控制

控制欲是他们难以接受自己的无助感的常见原因,这导致他们中的许多人表现出暴力行为。我刚开始工作的时候,难以理解有暴力行为的人和没有暴力行为的人在控制欲上的区别。毕竟,我们每天都忙于管理自己的生活。因为我们和伴侣彼此依赖,我们的精神幸福也很大程度上取决于我们的伴侣,所以我们努力让对方按照我们的意愿行事。而普通人对控制欲的需求和那些有暴力行为的人有什么不同呢?

我们都想要控制自己和周围的环境,而不同之处在于应对控制失败的方式。衡量标准就是我们是否能接受失控的状态,会不会不惜一切代价去取得控制权。很多参加这个小组的男性把暴力作为一种控制手段,因为他们不愿意接受伴侣拒绝按他们的意愿行事带来的无助感。大多数没有暴力行为的男人承认他们无法对他人进行控制——即便他们想这样做。另一方面,有暴力行为的人很难接受"游戏规则":为了控制自己的女人而采取的暴力行为要被约束。如果他们接受了,他们就会感到无助,不得不在痛苦和挫折中徘徊,并接受他们对亲密关系中的一些期望无法实现的事实。对伴侣采取暴力行为的男性,是因为他们的控制欲很大程度上在现实中无法实现,所以威廉·波拉克称之为"控制幻觉"(波拉克,2006)。这种幻觉在男性关于自我价值的认知中起着核心作用,因为接受失控并不符合男性展示控制权和权力的期望[迈斯纳(Meissner),2005]。

在极端情况下,男人会因为控制欲和难以接受无助感的状态而杀害他们的伴侣。很多谋杀都发生在伴侣想要结束这段关系的时候,谋杀是对对方拒绝维持这段关系的报复。伴侣要求分开,这给他们带来了无法忍受和无法控制的痛苦,而谋杀的动机是通过最终控制对方的生活来消除这种痛苦。谋杀原本是想要控制伴侣,但同时也破坏了控制伴侣的可能性。因此,矛盾的是,他们的行为越是暴力,失去控制的可能性就越大。控制欲通过暴力行为表现出来,结果却适得其反——他们非但没有拉近和伴侣的距离,反而把对方推得更远。结果,伴侣的疏远强化了被抛弃的焦虑;为获得亲密感,他们又强化了控制的欲望。

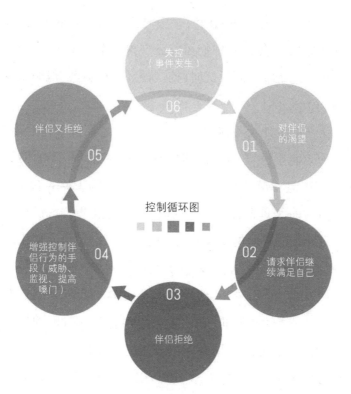

控制循环图

正如我们在这张控制循环图中看到的,男人的情绪从渴望(01)变成请求(02),然后遭到拒绝(03),于是感到愤怒和暴怒。由于不接受无助感,男人增强了控制伴侣行为的手段(04)。当伴侣再次拒绝、不屈服于其个人意志(05)时,男性就失去控制,表现出暴力行为(06)。

常听那些遭受暴力行为的女性提到,她们好像嫁给了两个男人:一个是她们深爱的、关心她们的男人,另一个是暴力、失控、可怕的男人。这种经历描述了一个转折点,当男性在亲密关系中经历失望和无助时——他们拒绝接受这些情绪,如果能顺着他们的心意,他们可能表现得是个好男人;但当他们的意愿被拒绝或遭到反抗时,控制循环开始运转,他们就变成了另一个人。

无法接受伴侣不能总是按照自己的意愿行事这一事实,与暴力控制手段被"激活"之间存在着联系。积聚的愤怒越多,他们就越会表现出强迫性的行为,来得到想要的东西。有暴力行为的人和患有强迫症的人很相似:这些人意识到他们无法完全控制自己的现实生活,就会强迫性、不情愿地重复一些行为,认为这样他们就能再次获得控制权。温斯托克和珀金斯(Perkis,2009)指出,当男性的自控能力下降时,他们对伴侣实施肢体暴力的可能性可能会增加;他们对自己的控制力越弱,就越会通过增强对伴侣的控制力来弥补。很多时候,暴力行为会被隐藏起来,并表现出压抑、焦虑、反复的强迫性行为。

30岁出头的大卫,会跟踪伴侣,并要求通电话时一定要开视频。他认为对方有义务接听他的每一通电话,即便是开会的时候,也必须打开手机上的摄像头。有几天,他每天会给她打好几次电话,如果她不接,大卫就会惩罚她,疏远她,对她冷漠。这就是他的报复方式,因为伴侣没有满足他的要求。在他看来,这些要求是合理的。

就像一个患有强迫症的人,与之亲近的人越是屈服于他的突发奇想——为了减轻他的焦虑(他们的焦虑也会减轻),他的强迫行为就会越发加重,难以停止。即使对于遭受暴力的女性,她们越是想缓解伴侣的焦虑和取悦他——以维持"表面和平",也越可能强化他的控制和暴力行为。大卫妻子的行为就属于这种情况——她确保接听他的每一通电话,并打开摄像头。这让大卫的控制行为得到了积极的强化。为了阻止这种强迫行为,重要的是伴侣和其他与之关系密切的人要在他们的关系中画定红线。如果这个男人继续他的强迫行为,甚至升级成威胁、肢体伤害或其他暴力行为,就得向专业的治疗师寻求帮助,甚至求助于执法部门。

当男性来到我们的小组,抱怨他们的伴侣对他们提起诉讼,让他们"吃官司",还得抽出时间进行情感治疗时,我会告诉他们,总有一天他们会为此感谢自己的伴侣。事后看来,很多男人拒绝感恩,但也有一些人确实感谢了他们的妻子。乌迪就是其中之一。在小组告别会上,乌迪称他感谢妻子起诉他。三十出头的乌迪新婚不久就和妻子吵架。吵架之后,他把妻子推了出去,并把她锁在了公寓外面。他的妻子毫不犹豫地报了警。在被起诉后,他被缓刑官移交到治疗中心,然后加入了小组。据他所说,他在参加小组后意识到,如果他的伴侣没有起诉他,他很可能会继续他的暴力行为,甚至会不断升级。此外，他还提到，在被起诉之后，他学会了正确处理他们之间冲突的方法。其中一个很有用的方法就是，和她一起坐在咖啡馆里——营造一种愉快的谈话氛围，听她说话，并告诉她他觉得难以和她沟通的地方。遗憾的是，并不是所有的男人都能像乌迪那样，在离开的时候能够停止暴力行为、恢复亲密关系。他们来寻求帮助时的年龄越大，就越难恢复彼此间的信任——因为双方信任被破坏的程度也越深。

统一整体和控制幻觉信念模式

为了理解亲密关系中控制需求与暴力行为之间的关系，我基于理论观点和临床经验发展了一个模式——统一整体与控制幻觉信念模式（Unitary Whole and Control Illusion Acceptance Model）。该模式基于以下假设：暴力行为发生源于这两种情形：（1）施暴者无法接受或不愿接受这样的事实——伴侣有自己的需求，而这些需求不一定与其需求相符；（2）施暴者不能或不愿意接受无法控制别人的事实。换句话说，该模式试图解释，现实在任何时候都按照其需求进行（统一整体），并使其产生"控制幻觉"（认为在任何时候都可以实现对对方的控制）与他的暴力行为之间的关系。该模式的基础是一个普遍的假设，即这些施暴者希望任何时候事情都按照自己的意愿发展。这种普遍的愿望就是我所说的"统一整体"。精神分析学家汉斯·洛瓦尔德(Hans Loewald,1978)在他的新生儿发展理论中提到,在诞生之初,自我和他者,或者自我和外部现实之间是没有区别的,他把这种经验称为"统一整体",即婴儿无法区分自己和世界。每次需要什么,都要求立即得到答复——不知道其他人也有需要,因为根本没有他者的概念。但婴儿很快就会明白,并不是任何时候想要什么就能得到什么,进而知道别人也有需求和欲望,必须接受这个事实并与之和平相处(尽管很痛苦)。根据梅勒妮·克莱因(Melanie Klein)的说法,这是婴儿的抑郁阶段——接受令人失望的母亲,无论多生气和失望都会继续爱她。因此,婴儿接受生存限制和由此产生的挫折感的能力,有助于其适当地接受失望。即使作为成年人,我们也没有失去这一"天生愿望"——想要别人在任何时候都能满足我们的需求(统一整体),但又不得不顺从地接受这是不可能实现的愿望。如果男性不接受这个事实,不认同这种观点,就会把伴侣视为随时随地都应该满足他需求的人,而不能接受这只是一种幻觉的痛苦事实(即使伴侣已经尽力按他的意愿行事,但她也是人,也有局限性)。因此,他们在经历挫折的时候,会企图运用控制手段,但这也是一种错觉——因为一个人无法控制另一个人。所以要摆脱这种痛苦,必须接受这种现实。明白"控制幻觉"和"统一整体"的人会以一种更温和的方式应对挫折和失望;而认同"统一整体"观点(一切都必须按照自己的意志发生),并且相信他们可以控制别人的行动的人,只会以不同的方式把他们的意志强加给别人。他们会在亲密关系中表现出强迫性和暴力的行为,迫使伴侣按他们的意愿行事。

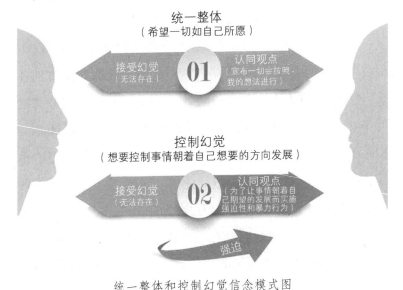

统一整体和控制幻觉信念模式图

强迫症是一种为了达到预期结果而不断重复的行为。比如一个男人给女朋友一连发了 20 条短信,直到她回复才停下来,这就是强迫症。又比如一个男人必须时时刻刻知道妻子在哪里,或者她花了多少钱购物,这也是强迫症表现——它源于控制幻觉。男人使用的手段越多,就越担心失去控制。愤怒的爆发,是由于伴侣拒绝按照他的意愿行事,或犯了错误导致他的意愿无法实现。它是男人所经历的失望和挫折投射出来的愤怒。

　　统一整体和控制幻觉信念模式是对暴力循环过程的完善。一个男人的"控制幻觉"越强烈，他对伴侣的愤怒就越多，意味着强迫性行为可能会升级成暴力事件。关于亲密关系中的分化感，从鲍温的理论中可以找到对统一整体和控制幻觉与暴力行为之间关系的支持（格雷，2004）。根据鲍温的说法，区分自己的能力，以及在伴侣需要和自己的需要之间取得平衡的能力，与家庭凝聚力的程度和基于个体需要产生的焦虑有关。在凝聚力高但不平衡、需要控制家庭成员的家庭中，我们会看到为了防止"不同"而采取的更高程度的暴力。

　　根据我的经验，治疗有家庭暴力行为的男性时，重要的是提高他们运用情感的能力和克服表达情感时的羞耻感。同样重要的，是关注他们的愤怒情绪，区分在亲密关系中促成愤怒和极具破坏性的暴怒的原因。此外，要意识到控制手段的表现方式，以及与无助感和攻击行为的关系。在此基础上，我们再在治疗中来讨论认为他人可以被控制的观点与强迫性行为和暴力行为之间的关系。

第七章　共情与共情失败

在我作为这个小组引导者的第八年,在"国际消除对妇女暴力日"的背景下,为了写一篇关于家庭暴力治疗的文章,一位知名记者采访了我。采访内容主要涉及我对那些男性的治疗工作。我记得那个记者当时打断我说:"从你说的话来看,你好像很喜欢那些人。我不明白,在知道他们的所作所为之后,你怎么还能喜欢他们。"在那一刻,我不清楚这是一种质疑还是一种挑衅,但我把它当成了一种赞美。我在暴力治疗与预防中心工作之前,曾有三年时间在一所监狱对囚犯进行治疗。当时是进行社会工作研究的第三年,我被邀请去监狱做专业培训。一开始我拒绝了,因为这不是我学习社会工作的初衷。毕竟,我只认同受害者,他们才是我想要帮助的人。尽管如此,我最终还是同意了:每周去监狱两次,给囚犯做培训。

完成培训后，我在那里又工作了两年。我在那里遇到了一些痛苦的人，当我试图用专业方法帮助他们时，心情很复杂：有时候很讨厌他们，有时候又为他们感到难过。我记得，那里有一个我很关心的囚犯——我总是忍不住关心他；也有一些我鄙视的囚犯；还有一些囚犯让我很欣赏他们为改变所做的努力。在监狱里，我的困惑和内疚感也从未停止，因为我不清楚自己是否应该同情和关心那些伤害过别人的囚犯，有些甚至是杀人犯。一想到我要对他们产生共情，我就害怕。

从监狱离职后，在环亚太之旅中，我选择了继续从事社会工作者这个职业。那时，我意识到，我想帮助的是世界上正在受苦的人。但在监狱里，我却在帮助那些给他们最亲近的人造成痛苦的人，明知道监狱外还有全家人在为他们的伤害行为买单，我没有去倾听受害者的遭遇，而是在这里倾听那些施暴者，甚至试图帮他们。这些并不符合我的价值观，我时常觉得自己正在失去作为人的身份。尽管如此，我明白施暴者也有权利获得幸福。我不应该看着囚犯们受苦，相反，我喜欢治愈他们，这也有助于创造一个更加美好的世界。

我在监狱里帮助过的一个囚犯贾米尔说，是我救了他的命。那时候，我在监狱的康复中心工作。在和贾米尔谈话时，他说，如果没有戒毒，他可能会在休假期间死于吸毒过量。还有一名囚犯，在临近释放时，开始和伴侣见面，两人重新建立了亲密关系。他们当中的许多人把我当成倾诉对象，向我倾诉自己的悲惨命运。我也只能为他们做这么多。后来我逐渐意识到,除了试着去理解和帮助他们外,别无他法,即使他们曾经伤害过别人。我遇到这样的治疗对象越多,越觉得没有必要去评判他们。我明白评判是毫无价值的。我发现,我在那里遇到的几乎每一个治疗对象都曾是暴力的受害者。他们中的许多人在童年时期遭受过虐待、忽视和暴力。有的人无家可归,有的遭受过性虐待,有的父母双方都有暴力行为,还有的小时候暴力甚至成了他们能生存下来唯一的工具。面对这些,言语毫无意义。他们经常因为我不理解"街头规则"而生气,当他们觉得我爱评判别人时,就叫我"正人君子"("white",有正义感的意思)。与他们的频繁接触,使我形成了一种共情的观点。可以说,我爱他们大多数人,甚至觉得我应该告诉他们我爱他们。因此,我把记者的话当成了一种赞美。

话虽如此,我发现自己不止一次陷入先入为主和共情失败的情况。海因茨·胡科特(Heinz Kohut)将共情定义为"进入另一个人的内在体验",简单来说,就是试图体验他人的内心世界,同时保持客观的观察者立场(胡科特,1984)。有人可能会说,共情是一种情感机制,但也是一种不断发展的能力,它允许治疗师在面对治疗对象时尽最大努力识别和理解对方的情绪和想法,同时意识到自己容易形成评判性观点。认同和共情是有区别的:当治疗师认同治疗对象时,治疗师与治疗对象处于统一的意识中,他们正在成为"一体";而共情,则会保持情感距离和区分能力。共情能力使得治疗师将自己置于病人的内心世界中,从而理解他们的内在(主观)逻辑。根据我的经验,共情失败,就无法帮助和支持治疗对象。尽管治疗师对治疗对象的诊断和观察可能很准确,但如果治疗师无法了解和认同治疗对象,仍然不能帮助他们。所以,在治疗师看来,共情是投入;在治疗对象看来,共情就是了解他们和他们所经历的痛苦,以及尊重他们的内心世界。共情的存在就像一个指南针,在治疗之路上引导着治疗师和治疗对象。

当遇到对伴侣使用暴力的治疗对象时,共情和理解并不是一件容易的事。在小组工作的过程中,共情失败的情况一直伴随着我。这些年来,我越来越清楚地认识到,共情是一种易变的情感机制。它在一些治疗对象身上会被有效地激活,而在另一些身上只会部分被激活或无法激活。当我进行过度解释或在治疗对象看来进行错误的甚至伤人的解释时,就会共情失败。治疗中共情失败的情况,源于我错误地识别对方的需求或以一种不适合的方式作出了反应。当我因共情失败而把治疗对象推开时,他们有时候会保持沉默,有时会表现出攻击性。

四十多岁的纳达夫(Nadav)在殴打并威胁妻子后加入了该小组。他身材矮小,讲话语无伦次,会讲一些不太好笑的笑话,同时想融入小组。他的长相、说话方式和不恰当的融入方式,遭到小组其他成员的笑话和排斥。早在第一次治疗时,我就开始试图维护纳达夫,反对小组成员们对他的攻击行为。但这对我来说很困难,因为我也认同他们——也对他感到排斥。一方面,我有一种排斥感,很难与纳达夫共情;另一方面,我需要保护他免受小组的攻击。除了排斥以外,我还为他感到难过。看到他们反复嘲弄他,我心里也很不好受。我很清楚,在这种情况下没有赢家。小组成员对纳达夫的关注转移了他们对自己的注意力,而遭受排斥又让纳达夫回到了过去的痛苦情绪中。作为小组的引导者,我感觉自己无法控制这种局面。很明显,我所有试图对他产生共情的努力都失败了。所以我不得不让纳达夫离开小组。

根据威尔弗雷德·比昂(Wilfred Bion)的说法,引导者的角色之一就是确保小组正常运行,使治疗对象能够了解自己早期的问题,并从过去经历的束缚中解放出来,与他人建立平等和令人满意的关系[里奥奇(Rioch),1970]。作为小组的引导者,我有责任创造一个安全的空间,使成员在个人层面得到发展,同时也要确保这是一个不会激发焦虑的空间,不用担心小组成员具有潜在的破坏力。但这种设想在纳达夫的身上失败了——这样一个空间在他身上不适用。这也是一个共情失败的例子,与我对治疗对象的强烈情绪有关。本章中,我将讨论另外七种共情失败的情况——这也是治疗过程中的常见情况:治疗师因认同受害者而产生的痛苦、渴望保持距离和不予认同、无助和难以控制、受害者辩护、没有倾听每一位治疗对象不同的痛苦来源,以及跨文化交流障碍和从法律层面思考"反移情"。

个人痛苦与受害者认同

对我来说,创造一个稳定的共情空间是一项复杂的任务。在某些情况下,我会因为对受害者的认同而感到痛苦。在小组中,一些成员描述的暴力行为,让我感到愤怒、排斥,甚至厌恶。我经常把自己想象成治疗对象的伴侣,想象她们每天所经历的痛苦。这无疑使我失去了共情的能力。久而久之我意识到我的想象与他们伴侣的经历并不相符。因此,我采取了一种更客观、能使我产生共情的观点。对受害者的认同也与关心和责任有关——这些男人不会在我的监督下伤害他们的伴侣。每当有人告诉我,我们的成员又发生了暴力行为时,我都会感到痛苦。有时候,他们的伴侣会在暴力事件发生后打电话告诉我这样的事。我又会陷入因无法帮助他们避免暴力行为而产生的负罪感中。这时候,"分裂"的心理就开始出现了:攻击者—受害者,善—恶,可怕—受惊吓,健康—疯狂。暴力事件发生之后，我很容易把这些男人看作侵略者的代表，邪恶、可怕而疯狂。但是为了和他们产生共情，我又必须站在分裂的另一边，即把他们看作受害者：看到他们受到的惊吓和威胁；承认他们好的一面，相信他们有能力为自己的生活承担责任，即便他们曾经有过疯狂的暴力行为，难免会再伤害他人。

保持距离和不予认同

对治疗师来说，另一个困难是想要保持距离和不予认同。我常常不愿意同情小组中的男性，因为如果我同情他们，他们会理解成对他们行为的支持，并利用我的同情心。

五十多岁的亚伯拉罕（Avraham）长期从事犯罪活动，大家都认为他是某个犯罪组织的"财务智囊"。为了避免被监禁，他选择了加入小组。他跟大家谈论他在特拉维夫高级大楼里的豪华住宅，他还坐着豪车来参加治疗。他会拿着一串带着各种标志的汽车钥匙走进来，并把钥匙放在中间的桌上，让所有的成员都能注意到。从一开始我就对他产生了蔑视和不信任，尤其是在他跟我说他在监狱的暴力预防室待到释放的经历之后。在经历过强化治疗之后，对于能否获得改变，以他对女性及其行为的看法，就他的改变能力来说，仍然是一个不好的预兆。他的傲慢行为和从别的小组成员那里得到的尊重,让我不得不在蔑视他的同时格外小心。如果不够谨慎,我就会以居高临下的态度对待他,从而使我自己更难帮助他处理与伴侣的关系。

对亚伯拉罕的共情迫使我必须克服这样的信念:倾听他的困境意味着我支持他的生活信念和方式。亚伯拉罕的例子反映了引导者站在治疗对象的立场上看待其价值观的必要性。在这些情况下,我们还必须克服善与恶之间的分裂情绪。后来我慢慢发现,我不必放弃自己对于治疗对象的生活方式或价值观的蔑视。这些是我的价值观,我不应放弃它们。但我必须意识到它们的存在和它们对我与治疗对象关系的影响,并且放弃纠结两种价值观的不同。亚伯拉罕不仅是一个有过犯罪经历的人,也是一个好父亲,一个暴力环境的受害者,一个认为自己致力于改善与伴侣关系的人。能看到治疗对象的各个部分,而不仅仅是被蔑视的那部分,有助于我们处理共情失败的情况。当对方身份存在多重性时,被我蔑视的那部分在整体中所占的比重就会比较小。在我看来,是我们所持有的价值观引导和促进我们成为想成为的人。尽管如此,当遇到与我价值观不同的男人时,我必须从小组之外更大的范围内看待他们,使我能对他们产生共情。

无助和难以控制

无助和难以控制是我共情失败的另一个原因。在我职业生涯早期,我很难接受强加在我身上的无助感。事实上,在面临情绪烦恼时,我倾向于运用合理化思维和问题解决思维来解决,所以,小组中的男性也是这样。当他们为遭受的损失寻找切实可行的解决方案时,我却感到无法达到自己的期望——无法为他们提供帮助,这让我在面对他们时感到无助。因此,我会有一种挫败感,进而无法及时关注和帮助他们应对面临的困境。我记得有个治疗对象曾经因为限制令而不得不住在车里,并且只能在海滩上的公共浴室洗澡。好几个星期,他在小组课结束后会回到他的车里睡觉。在课上,我难以听他说话,因为内心充满了负罪感。当小组成员告诉我他们在改变上退步了时,我也会表现出愤怒和无助——一种内疚感和帮不了他们的无力感,使我很难与他们产生共情。

有时候治疗对象期待我提供解决方法,而我只能倾听他们和认同他们的痛苦。他们就会因为我的无能为力而感到失望。这种失望主要体现在他们认为自己被社会工作者或司法系统冤枉的时候。有时候,他们因为我没有干预、没能改变结果而生气。他们当中许多人认为我应该保护他们。我对此变得没有耐心,失去了信心。当我忙于处理自己生活中的问题时,很难和他们站在一起。有些时候,我很难理解这些人的经历,无法对他们感同身受。渐渐地,我学会了不再因他们对我抱有不切实际的期望和攻击我而惊慌,我也不再为自己辩护。因此,我和小组成员之间的障碍更少了。我允许他们的无助感中存在一个"认同区域"。我经常在小组中分享自己的无助感,以帮助他们控制他们的无助感。感受到的外界威胁信息越少,我越能自由地进行共情的倾听。

受害者辩护

有些治疗对象为自己进行受害者辩护,这会让我对他们进行评判。如前所述,时间越久,我倾向于认为每个人都可能是受害者或施暴者。有时我们是受害者,有时我们是施暴者,甚至有时我们既是受害者,又是施暴者。男性在人际关系中表达自己受害者身份的声音,让他们在小组中得到了尊重。我有意识地、坚定地运用我的共情技巧来分担他们的痛苦,但那些拒绝放弃"受害者辩护"的男人让我觉得棘手。暴力研究领域的人常常都会遇到"受害者辩护"一词误用的情况,无论是施暴者还是受害者,都是如此。重要的是,我对受害者辩护的看法并没有否定人们可能成为受害者的事实。每个人在生活中都可能受到情感伤害,有时候,还会遭受身体伤害。另一方面,受害者辩护是一种将世界分裂为"我是受害者"和"对方是施暴者"的精神状态。

一个只把自己当作受害者的人,会错误地利用受害者辩护的方式来获得利益。保持受害者的姿态,让他在面对他人的攻击时表现得无助,同时用一切手段保护自己,并为自己的暴力行为辩护。在某些情况下,他会拒绝承认自己伤害了别人,因为他认为自己的行为是出于自卫。即便明确不是自卫,坚持受害者辩护的人会将自己的行为解释成被对方激怒而导致的情绪失控。如此,即便某个人的攻击性从根本上就是不对的,也能说成是源于他人的伤害而导致的失控。那些进行受害者辩护的人还会获得一个好处——不用对自己的攻击行为负责,如此就可以维持一个文明人的形象。有些情况下,受害者姿态可以让那些害怕亲密关系的人免于冒险和投入一段关系中,还能让他们得到周围人的同情。

三十多岁的迈克尔(Michael)离婚后带着女儿生活。在整个治疗过程中,他都称前妻想要伤害他。据他所说,她对福利机构撒了谎,伤害了他。他感觉一切都不在他的控制中。与九岁的女儿相认也是一场错误,因为她被她妈妈洗脑了,不尊重他。一开始,我允许迈克尔分享他的痛苦和他作为受害者的感受,但随着时间推移,我试图通过质疑受害者的方法对其加强控制。迈克尔认为我缺乏同情心。刚开始,迈克尔得到了小组其他成员的支持,可时间一久，其他成员因为迈克尔不愿对他的攻击性负责而与他对峙，甚至有些人认为是他激起了他们身上的攻击性，坚称小组也帮不了他。迈克尔因此认为小组成员和引导者都不理解他。在他看来，我没有保护他，使他免受小组的攻击。我试图了解他的过去，了解他小时候成长的家庭。据他所说，他也是生活环境的受害者，生活对他很残忍。很明显，迈克尔不仅是环境的受害者，而且由于童年时期形成的习得性无助，他已经形成了受害者的自我认知。因此，"受害者辩护"帮助迈克尔避免了变化带来的压力，但也让他继续忽视这样一个事实：与周围人的关系不好，他自己也要负一定责任。9个月后，我们共同决定结束治疗，因为我们都明白，我们无法帮助他处理他的痛苦。

男性保留受害者辩护的权利有他们自己的理由。作为小组的引导者，我把自己看作一个帮助他们获得改变的人，让他们通过对自己的命运负责，提高面对压力、处理所面临挑战的意识和能力。在我看来，这些人紧抓不放的受害者姿态是一个必须被移除的"路障"。这也会让我共情失败。我对这些人的防御失去了耐心，我认为他们这样只会让自己陷入流沙。在那些时刻，我很难和他们在一起。但他们说的话，比如"慢慢来，这需要时间"，以及他们对自己经历过的类似情绪的关注,帮助我站在了同情的立场上。他们一边分享,一边提醒我,要把那辆沉重的"车"推到目的地有多难。我一心想按照自己的节奏前行,很难听进他们的意见。为了对他们感同身受,我不得不提醒自己,耐心是一种美德。我意识到必须尊重他们,并记住共情意味着和他们站在一起,我不能因为希望走得更快而失去对他们的耐心。

倾听治疗对象受迫的困境

许多人来到这个小组时所接受的强迫治疗和矛盾的处境往往使他们处于消极抵抗的立场。这是他们抗议加入一个"暴力分子"小组的方式。引导者无法客观地理解他们的矛盾立场,也是一种共情失败。

他们中的一些人希望我不要理睬他们。一切试图评论或怀疑他们痛苦的行为都被认为是对他们的侵犯和不尊重。即使其他人愿意合作,由于在定义他们的问题时与其产生的不一致意见,我也很难获得他们的认同。他们大多数人把自己的问题定义为升级成暴力的情感问题,而我把他们的问题定义为因没能好好应对挫折和情绪失控,而把暴力当成了解决问题的方法。大多数小组成员对自己问题的看法和我存在差距,在对问题的解释上的分歧造成了持续的紧张,结果导致我难以认同他们讲述的。在我的工作环境中,对暴力行为有一个被广泛接受的二分法——男人是施暴者,女人是受害者——而这只会加剧紧张。

我认识到,当一段关系中的冲突升级时,许多人可能会采取暴力行为,这要求我采取激进的行动——抵制暴力治疗与预防中心原有的治疗模式。尽管如此,共情的能力是从这样的道德立场发展起来的:认识到倾听和尝试理解治疗对象经历的重要性。我希望我和治疗对象之间的关系,是基于一个主体与另一个主体之间的关系之上的——了解对方和他们的责任[本杰明(Benjamin),2018]。在我看来,如果把另一方当成观念的投射物,那么在这样的环境中不可能存在共情空间。此外,"看到对方",是小组的共同发展目标,既是我作为引导者的目标,也是小组成员们的目标,这个目标一直持续到小组解散。我把这个小组看作一个尊重他人主体性的空间的缩影,对小组中的许多人来说,这是一种罕见的经历。他们中的许多人在成长过程中没有机会成为自己,也没有权利公然要求成为自己,所以他们也不承认伴侣的主体性。为了体现主体性,我们必须在一个相互尊重、意识到对方的主体性的系统中——这也是培养共情能力的地方。

多元文化论

因为这是一个多元文化小组,所以我很难打磨我的用词,让治疗对象们都感觉到我对小组的理解和诠释是一种共情性的。这些年来,我在小组里遇到过犹太教徒、基督教徒和穆斯林,遇到过埃塞俄比亚人、俄罗斯人、罗马尼亚人,以及印度锡克教教徒、新移民和在以色列待过一段时间的人等。此外,我的小组里也有几个美国人。小组如同多元文化融合的海洋。

辛格(Singh)是一名印度锡克教徒,他在以色列生活了 18 年多,娶了一名印度裔犹太女子萨拉(Sarah)。他们有两个孩子,住在特拉维夫南部的外国工人区。辛格是以色列公民,忠于他的锡克教信仰和他成长的文化,从未皈依犹太教。他和妻子的关系在她亲近犹太教并要求他改信犹太教之后恶化了。他拒绝她之后,她就不再和他说话,开始睡在孩子们的卧室里。他们的关系越来越糟糕,直到在一次争吵中,辛格把妻子煮好的几锅食物都翻在地板上。在警方对他提出指控后,他加入了小组。据他所说,他为自己的行为感到后悔,但也被萨拉的行为深深伤害了。她期望他放弃自己的信仰而改信犹太教,这等于是背叛。在对他进行干预时,一方面,我不太能理解他蹩脚的希伯来语;另一方面,我能感受到他受到了关于文化和信仰方面的深深伤害,这两者之间存在着持续的紧张。此外,在一种令他敏感的氛围中跟他讨论暴力行为也存在持续的紧张。

　　语言障碍和有些人基于暴力环境的文化观念，使我在和来自不同文化的男人打交道时常常感到困惑和沮丧。有时我很难在我们之间找到一个沟通的桥梁，有时我被误解了，或者不知道他们是否理解我。有时候，我无法在小组中为他们提供安全感。当他们被误解的时候，会感到沮丧，这也会让我感到沮丧。有时候，我从自己的角度来解释他们的状态，这让他们中的一些人以为让我失望了，因为觉得我没有了解他们。由于文化和语言的差异，引导一个多元文化背景的小组，对治疗师和治疗对象来说都很难，难在建立一种不存在焦虑状态的稳定治疗关系。此外，多元文化也导致了我和小组某些成员之间的价值观差异。我记得，一个布哈拉男人曾问我"骂自己的女人算不算暴力"。我回答说，如果咒骂是针对那个女人的，那么就是暴力。他回答说："那就没有一个布哈拉男人不使用暴力。"

　　在价值观方面，小组的关系基于一种相互尊重和防止给他人造成伤害的愿望。此外，多年来围绕暴力事件的工作，我扩大了对于暴力行为的理解，以至于有时难以区分合法和违法行为以及道德和不道德的行为［贝利、布赫宾德（Buchbinder）和艾希科维茨，2011］。与我相比，小组的成员更坚持根植于他们的文化传统的价值观，在对暴力行为的定义方面，存在相当大的差异。他们对暴力行为的看法，比如对在惩戒儿童方面的暴力行为或伤害他人以停止破坏性行为的看法,与我的看法和我试图在小组中推广的价值观完全相反。因此,某种程度上,多元文化小组的治疗本质上是具有政治色彩的(political):对待在亲密关系中表现出暴力行为的男人是一种政治行为,它服务于自主、相互尊重、平等和个性的价值观,而不是父权制和等级制价值观——根据这些价值观,父权制观念和原生家庭的价值观高于个人的价值观。治疗师和治疗对象之间的价值观差异,如果达到对立的程度,会使治疗非常困难,习惯上的差异也可能导致共情失败。根据皮埃尔·布迪厄(Pierre Bourdieu)的定义(2007),习惯是我们的一部分,我们把它当成真实自我的核心,包括我们的价值观。当作为治疗师与治疗对象关系根源的行为习惯存在显著差异时,在诊断和治疗上就可能出现困难。上述困难与以下因素有关:跟治疗对象之间的交流障碍、治疗师与治疗对象之间难以形成的亲密关系,治疗师无法为治疗对象制造安全感、难以识别治疗对象的症状和理解其话语背后的文化内涵,以及难以确定治疗状况(即治疗对象的行为是正常的还是病态的)。因此,在一群以暴力方式行事的男性中,多样性和多元文化对引导者的共情能力构成了挑战,在这种情况下,共情失败是不可避免的。

法律上的反移情

共情失败的另一个原因与我在和小组成员相处时的反移情有关,尤其是我所说的"法律上的移情和反移情"。就后者而言,治疗的地点和时间(治疗背景),在暴力治疗与预防中心进行治疗(治疗环境),过去的小组经历,作为男性小组中唯一的引导者,治疗过程涉及亲密关系、养育子女、创伤和暴力等问题,这其中每一项都唤起了我个人世界中一些未解决的问题,它们在反移情的过程中表现出来。尽管如此,我还是想将共情失败与反移情联系起来,因为小组中的许多男性因自己的暴力行为都正在走法律程序。如前所述,大多数男性加入该小组的动机与执法部门的建议有关,他们认为这会对他们推进涉及自身的法律程序有帮助。事实上,参加该小组的大多数男性都还在走法律程序。他们是否会被拘留,是否会被定罪,是否会被判处进行社区或公共服务,是否会取消或缩短针对他们的限制令或软禁——参加治疗小组起着至关重要的作用。作为小组的引导者,我有很大权力可以决定他们的未来,这就让我在他们中形成了权威,并影响着小组成员对我的看法。他们中的许多人认为我是执法系统的"长臂",这会造成极端的后果,导致他们只对讨好我感兴趣;还有一些人会提醒我,他们的未来掌握在我手中;而有些人觉得我无足轻重;

另一些人试图让我认同他们的痛苦；也有一些人因为不得不依赖我而生气。

小组成员对法律程序的最终结果和未来的焦虑通过移情过程投射到我身上，其中包括远大的愿望，而这些大多超出了我的能力范围。除了满足他们的愿望之外，我还被赋予权威和权力，主要是表现在能为缓刑服务机构提供意见。在这个小组中，他们投射到我身上的、关于法律程序的成果的期望总和就是我所说的"法律上的移情"，我把自己处理它们的方式称为"法律上的反移情"。

反移情发生在治疗师的内部和外部反应中，表达了他未解决的冲突，这些冲突大多是潜意识的，与和治疗对象相处时出现的问题有关（科特勒，1992）。从记事起，我就不喜欢权威。我的父亲算不上一个权威的人，我和母亲的关系更像是朋友。13岁时，我要求搬到基布兹（kibbutz），并在那里待了两年，体验了彻底的自由。自从服过兵役，我就一直不尊重权威，对它持批判态度。尽管如此，我还是喜欢在我的专业领域里成为权威———一个能给出答案的人，可以提供咨询的人，能解决问题的人和可以依靠的人。一方面，因为小组成员对我的期望——我是无所不能的，满足了我的自命不凡；另一方面，我又自相矛盾地蔑视这种拯救别人的幻想。

此外，我看不起那些讨好权威的人——美化权威而贬低自己。显然，基于平等的世界观，我也反对他们赋予我的"大权"。在我职业生涯初期，有些治疗对象把钦佩和赞美行为当成一种生存工具，但这些行为对我来说很虚伪，我不尊重甚至鄙视他们。另一方面，我觉得那些因为自己陷入法律困境而直接在小组中诉苦的人，是在诱惑我参与他的"个人表演"，给我施加压力，而我并没有兴趣直接处理这些压力。

不管怎样，法律上的移情所带来的不便感让我的反应实际无法"移情"。由于我蔑视权威和那些就想要取悦权威的人，我很难站在治疗对象的立场上，也很难理解他们"法律上的移情"其实是一种对未来感到焦虑的表现。随着时间的推移，我采取了一种源于同情心的策略，尽我所能帮助他们摆脱困扰和负担。我明白，通过这样做，我获得了他们的信任，并帮助他们将资源用于学习和改变。"法律上的移情"的产生，说明治疗师能够体验治疗对象的主体性，从而产生共情反应。如果他待在自己的世界里，他可能永远无法理解治疗对象的主体性，而自己也无法产生共情。

凡·瓦格纳（Van Wagoner）等人（1991）提到了帮助治疗师有效处理治疗对象移情、使反移情不致影响治疗对象或治疗过程的五种技巧。首先是治疗师的自我洞察能力，这意味着治疗师理解自己对治疗对象的情绪，包括那些在反移情及其起源中表现出来的情绪。二是概念化能力，即基于知识以及移情与人际治疗关系的联系的能力。第三种是自我整合能力，即治疗师是否能正向、全面地看待自己各个方面的特点，同时创造人际边界和差异化的处理方式。第四种技能是焦虑管理能力，指治疗师控制焦虑、管理和调节情绪的能力。第五种技能是与治疗对象共情的能力及发现、理解自己的情绪并防止它们表现出来的能力。

在治疗有家暴行为的男性时，共情是一项复杂的任务。由于小组的结构化议程，在治疗师作出解释之前，要承认和验证治疗对象的主体性，这是一大挑战（沃尔夫，1993）。根据沃尔夫的说法，当治疗对象认为治疗师是一个专注于自己想法的人，且理解先于主体性时，他们就会觉得治疗师没有同理心。除此之外，我们还应该补充一个事实，即这个小组是男女都可参加的，就其所宣称的问题（亲密关系暴力）而言，男女都一样，并且具有多元文化的特征。

随着从业年限的增加，我意识到共情是治疗对象的感受，而不是治疗师的确切见解。情感体验先于理解，因此，必须抵制诱惑，哪怕再有帮助，也要支持一种饱含同情心的人性化处理方式。理解和接受治疗对象是共情中最重要的因素。在一天结束的时候，能帮到治疗对象的不是治疗师的智慧，而是他对病人的信任能力，和爱与接受的态度。在整个小组存在期间，表现共情对我来说是一个挑战，我经常发现自己无法完成这项任务。有时候，共情失败会让我感觉很遗憾，但我会从其他人身上学到东西，有些案例还会让我加快治疗过程。有时候，它帮助我在修复一段出现问题的关系方面树立榜样。

第八章　改变过程中的方式与手段

性别敏感疗法

随着时间的推移,我找到了一种更有效的治疗方法,这种方法关注男子气概建构过程、男性的痛苦与针对女性的暴力之间的联系。男孩的成长过程的特殊性有助于我们了解他们在成人生活中的困难、常见的行为模式,及其与暴力行为的关系。关注男子气概建构过程,有助于那些有暴力行为的男性运用更有效的干预方法寻求帮助。

这些年来,暴力行为与男子气概之间的关系,对小组干预有着重要意义。对我来说,给小组提供情感治疗,必须对性别角色比较敏感,并考虑到文化背景。随着时间流逝,我越来越清楚地认识到,如果没有意识到男子气概的建构过程及其对治疗对象和我自己的影响——无论是在专业层面还是在个人层面,我都很难提供最佳的应对办法,也很难注意到群体治疗对象的痛苦。

此外,如果对性别角色没有敏感性,我也许很难理解男性表达痛苦的方式,以及找到治疗领域应对痛苦的有效方法。

暴力行为并不是男性的专属,女性也会有。然而社会等环境影响使男性实施暴力行为比女性更具合理性。古往今来,战争一直是男性专属的事业,是他们男子气概的表现。男人是为战斗而生的,这种想法对大多数男性来说并不陌生,甚至增强了他们的自我价值感。成为一名战士就意味着成为一个男人[布里内斯(Breines)等人,2000]。根据艾斯邱(Askew)和罗斯(Ross)的说法(1989):

　　社会机构,如警察、军队、体育俱乐部和男孩寄宿学校,对构建男性身份有很大的影响;世界上绝大多数士兵都是男性。大多数警察、监狱看守、将军、官僚和政治家也是男性。大多数杀人犯都是男性。几乎所有的强盗、扒手和小偷都是男性。大多数实施家庭暴力、参与街头斗殴和暴动的人都是男性。这条规律同样适用于有组织和无组织的暴力。暴力行为和男子气概之间似乎有着某种联系。要知道,很大一部分暴力行为不是孤立地发生的,而是延续已久的。很大一部分欺凌行为是由警察实

施的,世界各地大量强奸案件是战时的士兵犯下的。这
些行为自然源于"合法的"暴力,而警察和军队等机构正
是为此而建立的。

男性成长的环境告诉他们,压力和挣扎之下的暴力行为
是合理的,甚至鼓励他们采取暴力行为。虽然女性也有暴力
行为,但不能否认上述这些信息在亲密关系中对男性的独特
影响。各种研究一再表明,传统的父权制观念与暴力行为之
间存在关联。一些研究人员发现,相比不支持上述观念的人,
那些认同此种观念的人,更容易攻击那些不服从此种观念的
人[帕罗特(Parrott)等人,2006;里迪(Reidy)等人,2009]。研
究进一步发现,那些严格遵循性别歧视和父权制规范的男性
也倾向于支持甚至在亲密关系中实施对女性的暴力[基尔马
丁(Kilmartin)和麦克德莫特(McDermott),2015]。那些在情
感方面缺乏自信的男性倾向于坚持性别歧视观念,并以一种
让暴力合理化的方式落实这些观念[马哈利克(Mahalik)等
人,2005年;麦克德莫特,2016]。研究发现,那些更清楚自己
所拥有的特权或权力的男性,在情感方面中往往更少依赖权
力或实施控制和暴力(麦克德莫特等人,2016);而且如果我们
帮助男性了解性别歧视对他们自己和他们的情感造成的负面
影响,他们对性别歧视观念的支持就会减弱[贝克尔(Becker)
和斯温(Swim),2012]。

　　根据约瑟夫·普拉克(Joseph Plack)的说法,在此基础上,男性觉得有必要通过两性关系中的优越感来证明自己的男子气概(这一点从男性通常不愿与比年龄他们大、个子比他们高、受教育程度比他们高的女性谈恋爱就可以看出),所以男性依赖于女性来证明他们在亲密关系中的优越感。如果在亲密关系测试中被提及这一点,许多男性会感到紧张和不安,并表现出愤怒甚至暴怒[普拉克(Plack),2004]。早在婴儿时期,男孩就被教导要压抑对母亲的情感,要亲近父亲,从而获得男子气概(康奈尔,1994);也被鼓励摒除对亲密感的需求,以及一切被认为女性化的东西,他们学会了戴上男子气概的面具(波拉克,2006)。因此,他们害怕失去自己的权力和控制力,并且沉浸于以牺牲他人为代价来维持原有状态。根据斯坦·陶布曼(Stan Taubman)的说法,暴力行为是男性用来恢复失去的男子气概的工具(1986)。

　　小时候,男孩们接受的教导是"重视崇拜多过爱",因此他们失去了做真实自己的能力,失去了自发表达需求、情感和维持亲密关系的能力[米勒(Miller),2008]。这些都导致了男性无法恰当地表达自己的情绪,他们宁愿采取行动也不愿谈论自己的情感。

　　为了帮助男性解决他们的暴力行为,专业人员需要了解这些男性对于在冲突中使用暴力来解决问题的态度与他们的暴力行为之间的关系,也应该了解压抑情绪、竞争性、避免暴露脆弱、使用精神活性物质与他们的暴力行为之间的联系。

这些年来,大多数参加小组的男性都说过,尽管他们成长于使暴力合理化甚至鼓励暴力的环境,但是他们并不喜欢使用暴力时的自己,尤其施暴的对象是伴侣时。他们对于对女性施暴,会比对男性施暴更有负罪感。对他们来说,男性间的暴力行为似乎是合理的,而男性对女性的暴力则被视为一种不合理行为。因此,当遇到持这样观念的男人时,我们应表明压抑那些被认为"不够男人"的品质和技能可能带来的影响——只会让他们更难以适当的方式应对压力和愤怒。小组的引导者必须将这视为一种通过心理教学工具(主要是在小组工作中)予以实施的教学策略。

对我来说,树立一个打破性别偏见的榜样很重要。组员们一般会认为其他男人具有性别歧视的观念,我通过表明立场,打破刻板印象,立刻降低了他们所认同观念的价值(基尔马丁等人,2008),也有助于在小组中就这个问题进行公开讨论,并鼓励认同这一点的男性更有效地应对恐惧——害怕被其他小组成员批评。

治疗有暴力行为的男性,可以采用以下几种干预策略。(1)了解涉及引导者对治疗对象的认知、治疗信念和意见等反移情问题。其中包括其承受痛苦的能力、"恐同"的问题、是否有"父亲恐惧症"(对父亲育儿方式的刻板印象)、是否存在情感表达上的困难等等。(2)理解治疗对象难以接受自己的行为被曝光的心理。创造一个包容的环境,允许他们处在否认依赖感和需要的"茧"的状态,积极地同情他们对自主权的需求。(3)提供选择性问题而非开放式问题。男性往往不理解治疗语言,诸如"你觉得 X 怎么样?""X 对你来说意味着什么?"或"你会表达恐惧吗?"这些开放式的关于情绪的问题,他们中许多人都不知道如何回答。因此,当我试图了解他们的感受而得不到答案时,我通常会给出几个选择。比如:"你的妻子决定和你离婚,你会感到失望、受伤或生气吗?"(4)就治疗对象经历的男性性别角色社会化过程及其影响进行公开对话是很重要的。可以谈论其解决问题的策略(一种男性熟悉的语言),并探讨可能被视为女性化的策略的替代方法。(5)引导者自我表露。由于害怕在情感上敞开心扉,治疗对象会等待引导者先表露自己的情感,然后才敢表露自己。引导者的自我表露可以为治疗对象提供一个很好的榜样。此外,表露的重点在于建立对治疗对象发生改变的共同责任感。(6)我们可以邀请治疗对象回顾那些塑造其性别认同的经历。讲述他们自身的经历,会帮助他们了解自己正在经历的压力或痛苦与其关于男子气概的观念内化之间的关系。(7)男性往往不那么"健谈",但更务实(参加联合活动)。由于共同活动而建立的友谊使他们可以分享自己的情绪,而不必分享他们的内心世界。对一些男性来说,亲密关系主要体现在共同行动上,因此,治疗过程体现为一种共同的、平等的体验很重要。

在这种体验中,双方都需要努力,而如果我们把营造这种体验的全部责任推给治疗对象,他们很有可能会放弃治疗。此外,我们建议使用男性更熟悉的语言表达方式,比如"今天你想让我们做什么"。(8)我们可以使用固定的术语和比喻来解释治疗过程的意义。比如,把治疗比作一个车库,在那里处理问题,包括找到发现问题和解决问题的方法。(9)幽默有助于缓解紧张,也是一种为男性所接受的初次接触时的沟通方式。重要的是,可以用它来缓解小组会议中可能产生的一些紧张情绪。(10)提供具体的帮助会增加治疗对象对治疗师的信任,巩固治疗联盟。比如,给他们提供一些出庭时的建议,帮助他们重新和孩子取得联系,等等。(11)经常安排一些像是朋友间谈话的课程,且以男性更为熟悉的形式开展,而不像传统治疗那样死板。(12)要让治疗对象展现他们的强项。询问治疗对象他们自认为成功的一些经历,然后尽量将其成功的方式应用到容易出现冲突的事件的应对上。(13)处理好男性与他们父亲的关系,这可能成为开启改变之门的钥匙。(14)男人喜欢拯救别人,这是一种可让他们产生共情的行为。参与一个小组可以让男人们交互体验到付出与回报,这对他们树立良好的自我形象很重要——知道自己同时也在提供帮助,而不仅仅是被帮助,可以减少无助感。男人乐于承认他们在帮助和拯救别人,而治疗小组可以让这些需求得到满足。(15)谨防权力斗争。在发生冲突的情况下,男人倾向于选择争斗来应对。治疗师必须谨防与治疗对象发生不必要的冲突。重要的是让他们明白你是来帮助他们的，没有兴趣和他们争斗，要强调和建立合作的共识。

我建议进一步了解男性气质构建对男性心理健康的多方面影响。一方面，对一些男性来说，采用男性化的叙述方式，可以增强他们的自信和自我牺牲的意愿，让他们在面对冲突时能够更高效、更冷静地思考，也让他们更容易为自己和他人解决问题，而且更容易通过行动和坚守承诺来表达爱。另一方面，认同传统性别观念也会给他们带来一些问题，其中包括冲动行事继而自我伤害、低自尊、难以在关系中保持亲密、压抑情绪、出现健康问题、对寻求心理援助持消极看法、滥用精神活性物质和在人际关系中表现出暴力行为等。

在让治疗对象改变性别观念上，小组展示了两面性，既允许治疗对象以一种让自己感到自豪的方式探索男性气质；同时，也使他们更灵活地看待那些被视为女性化的做法，从而采用一些重要方法来维持健康的关系。

增强意义感

"我终于懂你的工作了。每当我发现问题，你总是积极地看待它。"这个评价出自一个对自己和周围人都很消极的治疗对象之口。加入治疗小组的人，都待得很煎熬，诸如"说出你

的五个优点""说出你喜欢的你孩子的五个优点"或"说出你
欣赏你妻子的地方"之类的任务,对他们来说很陌生也很困
难。他们很难看到事情好的一面并且去谈论它。他们常表达
的赞美往往都是"你真是个了不起的男人"和"你是最棒的"
之类的话。我必须让他们知道他们拥有什么,让他们看到自
身和周围人的优点,教他们如何赞美别人,以及如何通过赞美
增进关系。

　　小组中的男性很难定义对他们来说什么是重要的。他们
会用否定的方式来定义对他们来说不重要的事情,这种思维
方式使他们很难管理自己的生活。他们的行为是出于避免痛
苦和折磨的目的,而不是为了达成某个明确的目标。对许多
治疗对象来说,他们行事的动机是避免痛苦或控制欲望,但却
缺乏目标。

　　对痛苦的承受能力与受苦的原因有关。凯坦·乔希
(Chetan Joshi)提出了一个模式,根据他的模式,无意义感和
"存在的空虚感"可能发展成一种新的焦虑,这种焦虑源于一
种虚无感和难以找到存在于世的理由。于是他们试图消除这
种焦虑:用金钱麻痹自己,变得越来越具有攻击性;用性爱麻
痹自己,而且通常对生活感到不满。有暴力行为的男人,他们
的愤怒和控制欲表现出他们(被否认的)过度依赖伴侣作为生
活意义来源的心理,这创造了一种权力感、控制感和短暂的成
就感。

当缺乏以"幸福"为目标的生存动力时，人就会试图基于"消极状态"而体验不幸福状态——通过消极行为感受环境的一种拒绝反应。该小组中的许多男性在孩童时期都曾受到消极对待。他们大多数人曾被告知自己的行为"越界了"，因而他们也是这样看待别人的。他们没有获得过"积极的幸福"，因此不会使用赞美的语言，看不到别人的优点，不会表达乐观和希望。因此他们中的许多人很难看到加入治疗小组的积极意义，倾向于看到它的消极方面，而不是隐藏在其中的可能性。

尽管我在理解暴力行为的起源和处理男人的生活经历方面天生具有一些能力，但当小组中的男性对生活和伴侣没有形成积极的看法，没有能力通过确立正向的价值观和目标来追寻自己的未来时，我就很难帮到他们。因此，对我来说，将心理教学方法（从积极心理学的内容到关于选择和意义的存在主义方法）纳入治疗中非常重要。治疗期间，我们会先解决关于他们的价值观的问题。比如，有几节课我们讨论了什么是尊重和相互尊重。提到尊重问题，我会让他们去发现这种观念的意义，这对他们来说意义重大。比如：

我：你觉得我们在小组中做到了相互尊重吗？

尤西：是的，我觉得我们是相互尊重的。

我：你怎么知道？

尤西:"怎么知道"是什么意思?我能感觉到啊。这个小组中的人就是相互尊重的,没有互相伤害。

我:我也是这么觉得的,你们相互尊重,也尊重我。

尤西:你怎么知道我们尊重你呢?

我:当我和你们在一起时,我感觉到了你们对我的感激,感觉到了你们的敏感性,你们想让我感觉舒服。这肯定会增强你们对我的尊重。

尤西:我就是这个意思。在小组中,我们相互尊重,相互照顾。

我:这对你来说是重要的价值观吗?

尤西:是的。只要我受到了尊重,我就会尊重别人。

我:但这并不是测试。如果你把它当成一种引导你的价值观,那么,即便你没有受到尊重,也应该尊重别人。你可以选择远离那些伤害你的人,但为什么要做一些违背你价值观的事情呢?

尤西:这是什么意思?

我:就算你不尊重我,我仍然想尊重你,因为指导我的价值观就是这样,我不会因为你不尊重我就不尊重你或者说放弃这种价值观。

尤西:我明白了,但应用起来好像很难。

我:确实,很难。当我们因为受到伤害而充满不愉快的情绪时,我们很难按照自己的价值观行事。我们必须保持警惕,不能分心。

解决价值观问题源于小组中出现的一些状况。尊重是治疗对象们的"暗语",但对我来说,审视由此产生的行为和意义十分重要。

为了扩大意义的范围,培养积极的思维和对现实的美好希望,我主要使用了积极心理学的方法。我们讨论了治疗对象的能力和优势,并使用了"管理"这个词:你想如何管理你的生活?你的优点是什么?哪些优势可以帮助你按照自己的价值和设定的目标来管理自己的生活?我们了解到很多被管理者和管理者的区别。下面是区分两者的表格:

被管理者和管理者的区别

被管理者	管理者
积极反应	有创意
冲动	受过良好教育
只看到自己	眼里有每一个人
短期行动	长期行动
无所不能	了解局限性
想做什么就做什么	做重要的事
不商议	寻求想要的帮助
不节制或不专注	能够节制和专注

续表

被管理者	管理者
目光短浅	有远见

奥伦(Oren)等人基于我在治疗小组中所采用的积极心理学的方法,开发了一个"父亲干预模式"(model of intervention with fathers)(2010)。根据这个模式,我们应该强调男人的优点,比如他们有爱心、会关心人、会培养人、有行动力和解决问题的能力、懂得思考未来等等。当男性表现出共情、给予、倾听和帮助别人的意愿,以及有决断力、幽默、社交技巧和思维灵活性时,我就利用这种模式来强调这些优势。关注他们在治疗过程中表现出的优点,让我们看到了许多他们难以看到的"好"。此外,还可以增强治疗过程中治疗对象的共情能力和对我的信任,因为我看到了他们的整体,而不只是他们难以应付的部分。关注治疗对象的优势可以增强他们的自我效能感。

奥伦等人的方法概述了"父亲干预模式"的五个阶段,我将这些阶段运用到了小组干预中。第一阶段包括建立联系和治疗联盟。在这个阶段,重要的是关注男性在小组中的出勤率,并强调他们的存在对他人和自己的重要性;同时,强调他们对于小组和家人的意义,以及改变的意义。我时常对新成员说,他们收到了一份宝贵的礼物,我希望他们懂得如何使用它。要创建一个治疗联盟,重要的是创造这样一种工作环境:能包容治疗对象对于治疗的焦虑,不会因此而羞辱他们。

第二阶段是通过关注男性在亲密关系中的积极方面来诊断他们的问题。在这个阶段,你可以问一些问题,让他们描述自己在亲密关系中的积极表现。比如:"你什么时候会对你的伴侣好呢?""描述一段你和伴侣的美好经历""在一段关系中,什么对你来说是重要的?"等等。

第三阶段是确定他们的优点。我们也可以通过这个阶段观察他们想要提高哪些方面的技能,或者亲密关系中的哪些部分让他们感到挫败。重要的是向他们强调那些被认为是理所当然由他们做的事,并把它们视为优点,例如,养家糊口,确保孩子健康成长(将价值从行动中分离出来,行动有时可以得到改进),希望建立相互尊重的关系,能够用行动表达爱,愿意为家人冒生命危险,愿意让步,等等。当谈到在亲密关系中使用暴力的男人时,优点有时会被视为弱点,比如妥协和让步。治疗师必须结合男性的背景进行治疗。

第四阶段包括强化积极生活和健康亲密关系的体验。在这个阶段,他们会学习,会改变,并进行一些有助于提升他们的生活参与度的实践,其中包括一些可能不会成功的勇敢行动。男人往往会因为害怕失败而避免某些行动,这个阶段可以增强他们冒险的勇气。他们将学习一些技巧和能力,以便在一个支持性的环境中获取帮助。学习过程可以安排在他已经感觉到成功的领域,比如,可以询问治疗对象在工作中的成功经验,并看看是否有机会将这些经验应用于亲密关系中。这样做的目的是帮助治疗对象培养同理心、倾听技巧、耐心和边界感,使他们身处其中,但不急于互动或迷失在互动中,使他们的情绪得以呈现出来,等等。所有这些都可能增强他们在亲密关系中的认同感,并使他们能够有效地管理自己的生活。

第五阶段致力于增强他们的治疗效果和结束干预。在这一阶段,应该考虑让伴侣参与进来,如果可能,让两人进行协商,克服信任障碍,加强合作。伴侣的支持能够鼓励他们,增强他们坚持的动力。至于没有伴侣的治疗对象,可以用这个方法来改善他们与孩子们的关系。

心理学家和治疗专家在治疗中倾向于采用针对残障人士的干预措施,而当对有暴力行为的男性进行治疗时,处理不同价值观和寻找优点的方法十分重要,因为关系到是否能够增进了解和改善关系。在小组中形成一种充满希望和乐观的表达方式和思维过程,以及强调他们的优势,非常重要。通过这样做,引导者能够在小组中营造积极、温暖氛围,展现同理心,平等对待组员以及更具灵活性和对治疗充满希望。

引导者的自我坦露

治疗对象们经常问我一些私人问题,比如"你有几个孩子?""你有暴力倾向吗?""如果你处在我的位置,你会怎么做?"或者我对司法系统、女性、男子气概等相关问题的看法。在职业生涯早期,我会把这些问题绕回到治疗对象身上,找出是什么促使他问我这个问题,而不会正面回答这个问题。随着时间的推移,我意识到了自我坦露在治疗过程中隐藏的作用。就个人情况、职业情况(学位、职业、住所、婚姻状况等),向病人或整个小组分享自己的情绪和经历,以及问题的解决方案,都会包含不同程度的自我坦露。这个过程让我在坦露情感和弱点方面给他们树立了榜样,并增进了治疗对象和我之间两个主体的关系,也让我能够培养强调主体关系的相处方式。在治疗过程中,治疗师的个人分享很有必要,因为没有主体间性就没有主体性。一个人如果不能感知他人,就不能感知自己。为了体验自身主体性,必须先感知对方。一个主体只有与另一个主体相遇,才能体验自我。因此,自我的发展需要相互体认。治疗师的主体性不仅不可回避,而且是治疗对象作为主体体验自己的必要条件。对于那些对亲密伴侣采取暴力行为的男性,有人可能会说,当他们能够通过小组中其他人的主体性认识到自己的主体性时,他们就会认识到伴侣的主体性。

治理对象亚哈伦不知道什么是爱，也不相信我有能力爱他。在重复了几次之后，我决定和他分享我作为一个被爱的孩子的经历。我告诉他，我的父母很简朴，家里虽不富有，但却充满爱，这才让我体会到了被爱的感觉。听了我分享的故事后，亚哈伦意识到，他从来都不确定自己是否被爱，因为他不相信自己真的会被爱。这让他将自己对拒绝的敏感与自己的暴力行为联系起来。他也明白自己很难接受别人的爱，包括我对他的爱。我认为治疗师的真诚是建立与治疗对象的健康关系的基础。很难想象一种建立在单方面分享基础之上的关系。当治疗对象对治疗师产生兴趣却遭到拒绝时，他们会产生距离感、疏离感和挫败感；而治疗师的分享会让治疗对象觉得平等。

自我坦露也让我能够处理一些自身面对的问题，比如痛苦、脆弱、爱和对尊重的需求。当我分享自己故事的时候，会有一种平等的感觉，将这种感觉投射到治疗中很重要。女性主义疗法认为治疗师的自我坦露很有必要。这种疗法强调治疗对象和治疗师之间的权力斗争，以及让治疗对象尽可能挑战治疗师的权威（布朗和沃克，1990）。

我们小组每年两次的"联合一日游"，由我设定目的地和路线，小组成员负责食物和交通。他们知道我是素食主义者，为了不让我饿着，他们还得给我买肉类替代品。在旅途中，我会和不同的成员交谈。在一些特殊的时刻,他们可以直接和我单独交谈。有一次,当我们在卡梅尔山(Carmel mountains)旅行时,我摔倒了,小组成员们扶我起来,帮我拿着包,让我轻装前行。还有一次是去奥格河(Og River)旅行,其中一名成员因为不得不爬阶梯而焦虑。看到其他成员帮助他完成了爬梯任务,我感到很兴奋。到达终点后,我们围坐在篝火旁,感受到了友人间的情谊。一些小组成员说,他们第一次有了归属感,感觉到了被爱、受欢迎。在这些时刻,他们知道如何感谢从小组中得到的帮助和我对他们的关心。我也要感谢他们成为我生命的一部分,并认识到他们对我具有重要意义。我们会在午夜左右返回,并拥抱告别,确保每个人都安全回家。这些旅行提供了自我坦露的机会,但主要是让大家体会快乐、感恩、团结和付出。

自我坦露还包括问一些直接的问题。我就经常被问及是否有过暴力行为。

治疗对象:你会对你的孩子们使用暴力吗?

我:有时候会。我也会有暴力的时候。

治疗对象:那你为什么反对对儿童使用暴力呢?有时候根本别无选择。

我:既然你问了,我就解释一下。我有时候会冲我的孩子们大喊,接着又会后悔。

治疗对象：所以你认为大声喊是暴力？

我：是的。我伤害了他们，为此我很难过。你也会冲你的孩子们大喊吗？

治疗对象：是的，但我不认为那是暴力。

我：在我看来，那就是暴力行为，因为孩子们受到了伤害。我的行为源于无助。在吼了他们之后我会后悔。我一点都不想伤害他们。

治疗对象：我也是。

我：那你会后悔吗？

治疗对象：当然，但我总是不知道该怎么做。

我：我建议我们在小组中公开讨论这个问题。

自我坦露可以促进我与治疗对象在相关话题上的对话，使我能够了解他们对某个问题的立场，并促进小组讨论。我的自我坦露有助于治疗对象坦露自己，让他们不再羞于谈论自己的问题和困难[格林斯潘（Greenspan），1986]。

虽然自我坦露有一些好处，但我们应该考虑到它对治疗对象的贡献程度。治疗对象有时想知道我对一些政治问题和有争议的问题的看法，如宗教、性倾向等。在这些情况下，由于这些问题的争议性，我选择不与他们分享我的观点。当一个治疗对象谈到他如何通过冻结妻子的银行账户来报复她时，我告诉他这是一种报复行为。他问我是否从未报复过别人——这时候，我选择不回答这个问题。我明白他的动机是想让自己的行为合理化。根据勃兰特·马修斯（Brandt Mathews）的说法，分享有可能将治疗过程的焦点从治疗对象身上转移开。此外，治疗师的个人分享并不总能促进对治疗对象内心世界的理解。最后，分享会转移治疗过程中对移情过程的应对（马修斯，1989）。

艾伦（Eron，2013）将关系中的相互性和对等性进行了区分。两者之间的任何联系都会暴露治疗师的某些方面，同时也会暴露治疗对象的某些方面，从而产生了相互性。尽管如此，不对等很重要，不对等代表了治疗的成功，它通过治疗师的角色和治疗对象的责任以及治疗目标来体现：不对等维持了治疗领域的相互性——暴露是相互的，责任不是相互的。治疗对象可以是自发地、详细地分享他的内心世界和个人经历，而治疗师有责任维护一个能激发治疗对象需求的人际空间。治疗师在自我坦露时应该时刻看到治疗对象的需求，并有意识地选择自我坦露的内容。关系的不对等使我能够保持亲密的治疗关系，而不让它变成朋友关系。

自我坦露有六种类型：（1）传记式自我坦露，治疗师讲述自己与治疗相关的细节。治疗对象需要了解关于治疗师的初始信息，以便接受治疗。这些信息包括个人的和专业的细节，甚至是与治疗原因有关的、治疗师的个人或专业经验。这种坦露增进了已经建立的信任和与病人之间的信息公开。（2）

治疗师向治疗对象坦露自己的情绪——欣赏、痛苦、兴奋或认同。这有助于治疗对象暴露他们的情绪和确保上述回应的规范性和合理性。(3)治疗师个人见解的分享,有助于形成获得感,从而让治疗对象形成新的见解和观点。(4)治疗师暴露自己解决问题的方式和方法,主要有助于激发新的、开创性的观点,让试错变得合理化。然而,治疗师必须让治疗对象清楚,他分享的是帮助他们的办法,而不是告诉他们什么是正确的做法。(5)为了确认、保证、支持、强化和帮助治疗对象应对中试错合理化而进行自我坦露;(6)通过治疗师生活中的例子来挑战治疗对象的思考、感知和行为方式。

治疗师的自我坦露是不可避免的,是无从选择或不受控制的,既可能在治疗过程中无意识地表现出来,也可能通过接触数字媒体(治疗对象可以在其中收集有关治疗师的信息)来实现。至于主动的自我坦露,这个方法应该谨慎使用,并且只能是个例,同时治疗师应该时刻意识到自己暴露或隐藏了什么。专业人士应该坚持这样一种可能性,即自我坦露可以强化治疗联盟的关系,并作为治疗师人性化的表现,同时增强小组成员之间以及他们和治疗师之间的平等性。治疗师的自我坦露有助于治疗对象进行自我探索和实现期望中的变化。

对抗

这里说的对抗,主要发生在不同的治疗对象之间,它有助于我处理一些棘手的问题,比如防御、试图否认暴力行为和将暴力行为伤害降低到最小。此外,对抗还使我有机会训练治疗对象慢慢地"走"出冲突,而不是使冲突升级成暴力事件。

小组中的对抗是在其他组员在场的情况下进行的,主要用来让某个治疗对象处理自己行为的后果。对抗的目标是在治疗过程中有所进步,或者让治疗对象从阻碍他的行为模式中解脱出来。随着时间的推移,我发展出了一套当治疗对象和治疗师之间发生冲突时避免使用对抗的系统。同时,我也允许甚至鼓励组员之间的对抗。

对抗作为一种促进治疗的方法,在对男性治疗对象的干预中更为常见,因为治疗师在面对男性治疗对象时常常会遭到坚强的防御,而且男性的沟通方式更具攻击性。对抗是社区治疗成瘾者的一种有效方法,也用以治疗有暴力行为的男性。

小组成员会在不同的情境中与同伴对抗。最常见的情境之一,是面对试图否认或最小化自身暴力行为影响的同伴时[沙迈(Shamai)和布赫宾德(Buchbinder),2009]。此外,小组成员还会质问他们的同伴,为什么他们会来到这个小组,主要因为很多资深成员会有一种被利用的感觉。他们认为那些拒绝寻求帮助或分享自己经历的人是在利用他们来实现自己的目标，而没有给予回馈。对抗也发生在某些小组成员有攻击行为的时候，或者某个治疗对象有足够的信心试图对抗我时。事实证明，一些治疗对象与其他成员之间的对抗比与引导者之间的对抗更有意义 [希尔瓦格雷德 (Silvergleid) 和曼考斯维奇 (Mankowski)，2006]。由于治疗师在小组中的这种权威性，当我面对他们时，他们都会感觉受到了威胁。而当他们面对其他成员时，则可以更自由地发言，甚至有时以更直接的方式对治疗对象做出反应并对抗他们。根据以挪士 (Enosh) 和布赫宾德的研究 (2019)，在亲密关系中表现出暴力行为并接受群体治疗的男性提到了改变过程中的两个主要组成部分：认同与对抗。这些人提到了对抗的几个好处。首先，在对抗中，他们有义务倾听并处于被批评的位置。因此，他们必须处理和消化正在产生的压力，即使他们认为对方说的不准确或是错误的，也必须接受，而不是立即做出反应。因而对抗使他们能够练习实时调节自己的情绪，并有助于他们情绪耐力的成熟 [奥尔蒙特 (Ormont)，1994]。其次，对抗表达了关心，也增加了对抗双方的关心程度，增强了双方的联系，源于希望对方过得更好的愿望。

在人类群体中，对抗是不可避免的。然而，男性对于对抗的直接联想是消极的，因为他们害怕冲突升级成暴力，这种恐惧可能导致沉默。对我来说,让这个小组的氛围不至于"太友好"很重要,我鼓励小组成员之间发生冲突。我喜欢这样的时刻:作为调解人,我可以从旁观者的角度观察两个小组成员之间的冲突,而不必急于阻止、引导或参与其中。但我又经常引导小组成员们如何正确处理对抗,以实现倾听和对话。当面对的治疗对象很难听取批评时,我的作用是不让他立即做出反应,并帮助他倾听那些话,尽管那些话可能听着心里不舒服。他们中的一些人,甚至视别人直接跟他们讲话为一种冒犯。我经常禁止某些治疗对象对别人说的话即时做出反应,强迫他们安静地倾听。我记得有一个治疗对象,每次有人跟他说话,他都会大发雷霆。有一次,我一再要求他先听听别人怎么说,不要立即做出反应,但他根本不理会。我只好让大家先停下来,让他坐到我旁边,我握着他的手。每当他不能安静地倾听同伴们说话的时候,我就会捏他的手掌,等听完所有的发言后,我才松开手,把场地让给他。

根据以挪士和布赫宾德的说法:"小组氛围在两个过程之间创造了一种对立的张力:一方面,它促进了一种富于感情的,团结、包容和支持性的环境;另一方面,这个小组又是具有挑战性的、苛刻的、令人不安的和具有威胁性的。这两个方面既对立又互补。如此,相互对立的东西通过相互依赖而存在。"(以挪士和宾德,2019年)对于小组中的男性(他们中的大多数人都是独自生活)来说,其他小组成员对自己的对抗与类似情况下跟朋友们的对抗相似。只需倾听治疗对象的故事和情感经历，就能增加一些生活经验。

我经常会遇到小组成员无法控制对抗的情况。这种情况通常发生在治疗对象感到不安全，对对抗者的意图产生敌意、不信任或怀疑时。当一些男性面对另一个小组成员而感到无助和棘手时，这种对抗似乎经常超出了他们的舒适区。因此，有些对抗只是一种沟通方式，而不是为了让被对抗者去寻找他在小组中所处的位置。

治疗师和小组成员要在与小组其他成员发生对抗之前找到建立治疗联盟的方法。根据我的经验，最好使用"软"方法来帮助男性改变他们的立场，终止他们加入小组之前的一系列经历。所谓"软"方法包括动机性访谈［基斯顿马赫与维斯（Weiss），2008］，挑战自动化的思维方式和行为方法［温策尔（Wenzel），2022］，苏格拉底式提问法［布劳恩（Braun）等人，2015］等。许多人都是被迫接受治疗的，所以他们对引导者和小组强加给他们的想法很敏感。

随着时间的推移，我使用对抗这一方法的次数越来越少，因为这个方法具有潜在的羞辱性，而且我也明白，大家都是在无助的时候，以及我作为促进者陷入困境的时候才使用它。我看到了隐藏在"专家"与"客户"对峙中的危险。即便我是出于好意，因为"法律上的反移情"，群体治疗对象也会把我放在法官的位置上、这种理解会使治疗受挫。然而，有时我又认为让治疗对象们对抗很合适,它可以作为治疗过程中的一种突破手段。我记得曾有治疗对象为此向我表示感谢。他们认为对抗是一种勇敢的行为,是对他们的关心,甚至要求我在必要的时候毫不犹豫地重复使用这种方式。

对抗的有效性取决于促进者与治疗对象之间以及治疗对象与小组之间建立的治疗联盟的巩固程度。对抗的目标是促进治疗对象进步,而不是"解决问题",这一点很重要。引导者必须意识到对抗者的沟通方式和被对抗者的情绪,并且在必要的时候进行干预,以缓和气氛并提供对抗的环境。应该避免对抗新来的治疗对象,因为他们正在经历严重的焦虑,也应避开即将离开的治疗对象。对于将要结束治疗的治疗对象来说,带着成就感而不是遗憾离开很重要。

比喻

比喻使我将自己的见解转化为男性更容易理解的语言,从而创造出符合该小组文化和背景的对话。比喻是两种意义产生出"交汇点",揭示了人类通过语言发现和创造意义的能力,而这在语义上可能是不符合逻辑的。使用比喻,就是在语言使用过程中展现创造力,通过揭示或创造隐藏在单词中的额外含义来实现[艾芬德利(Alfendri),2016]。比喻性对话使我们能够进入被事实性语言"封锁"的领域,通过这些独特语言,在确定主题方面发挥了重要作用[卡斯皮(Kaspi),2022]。
此外,比喻在治疗对象的精神世界里具有反思性观察的潜在
作用。

心理治疗是一个基于语言的治疗过程。人们用语言来解
释思想、观念和可能的行为方法。在治疗中使用比喻几乎有
无限可能,通过比喻可以解释观念和思想。在写作之前,人们
会围坐在篝火周围,分享他们的故事和寓言[佩里(Perry)和
多恩(Doan),1994]。如此,故事和象征就变成了比喻。只要
治疗室是我们共同使用语言的地方,比喻就会成为治疗师和
治疗对象进行对话的重要方式。小组的治疗对象之一暗利
(Omri)用比喻的方式谈到了他对伴侣的不信任:

暗利:难以克服的不信任问题就像一块巨石,挡在我
和妻子中间。

我:让我们和这块巨石一起待一分钟,可以吗?

暗利:可以。

我:这块巨石有多大呢?

暗利:很大。它挡在路上,我不知道怎样才能过去。
她很显然不信任我。她起诉我以后,我也不信任她了。

我:所以,我理解的是,那块巨石是你的恐惧?

暗利:恐惧的是她,而我大多是愤怒。

我:所以,这块巨石是你的愤怒,阻挡了一切可能性,

不让你接近她。

　　暗利:我怎么知道她不会再犯呢? 我怎么知道下次我们吵架时她会不会报警? 这让我害怕。在没有一起去找专业人士谈谈她的所作所为之前,我不知道我是否准备好了回去。我没法回去,尽管她逼我这么做。

　　我:我听你说过,一起去找专业人士能帮助你绕过那块巨石。

　　暗利:是的。

　　治疗对象运用比喻,帮助我理解了他内心难以表达的东西。他们经常用比喻来解释自身的处境:"我掉进了一个洞里,找不到回去的路""我感觉自己支离破碎了""我陷进了一个漩涡里,出不来"。参加小组的许多男性语言能力低,尤其不善于情感语言表达。一些男性很难用直接的语言来描述思想和情感,这要归因于他们的男子气概形成的过程,或者由于母语不同而导致的语言缺陷。治疗对象找到那些能描述他们想法的词来进行比喻,对我而言,这是了解他们情感世界、理解他们想改变或不想改变的心理、理解他们思维方式和社会文化背景的途径[瑞恩(Ryan),2013]。

　　我也会使用比喻,因为我认为它是简化和阐明治疗概念的方法,这样治疗对象就能理解我想说的话。下面的"拉绳"比喻,就是使用比喻帮助我绕过表达障碍的一个例子:

每次我对于沙乌勒处境的看法和他不同时,他就会对抗我。我的看法会激怒他,他试图不理会我的想法。感觉好像我们在争斗,他不相信我会为他着想似的。我明白这时候说什么也没用。于是我请他站起来。我则站到他面前。我让他把手给我,我们互相拉着对方,看谁能把对方拉到自己身边。我们都将对方往自己的方向拉,最后我让他赢了。我告诉他,现在我站在他这边了。我问他,现在想怎么办,是想我站回到他面前,还是站到他旁边,然后我们一起去对他来说很重要的地方。这个比喻让他理解得更清楚:只要他和我斗,试图把我拉到他那边,他就只能原地不动。我告诉他,他可能每次都拉赢,但我却不一定每次都能帮到他。用这个比喻,我提出要站到他身边、和他一起面对对他来说重要的事情,而不是和他对立地站着。

一些治疗对象在接受帮助时表现出矛盾心理,并将自己所经历的情感困难和痛苦归咎于伴侣。当治疗对象难以摆脱这一处境时,我会用到足球场的比喻:

尤瓦尔,每次听你说话,就好像足球迷对他喜欢的球队的表现很不满似的。每当球队输球时,他就站在看台上骂球员。你在亲密关系中的作用好像只是坐在看台上看比赛。你是球迷，不是球员。你不停地抱怨你的妻子踢得不好，可你又做了什么呢？你不是球员，你是观众。我建议你亲自上场。这可能会很难，但改变这种情形的唯一办法就是你亲自上场，不要干坐在看台上。球员会犯错，但他能影响结果。我愿意当你的教练。如果你上场，就有可能战胜场上的一些困难，取得进步。在我看来，亲自上场比坐在看台上好，虽然可能也会让你不高兴。我确定这一路将会困难重重。但你必须做出选择。

当治疗对象谈及改变很难时，我会将它比作攀登高峰。我会问治疗对象，如果他想爬一座山，他能预见什么样的障碍？他该带哪些食物？他会把我当成爬山的伙伴吗？等等。有时候，我会使用多重比喻，治疗对象还会补充一些细节。

比喻是一种古老而有效的传达信息、阐明思想和情感的方法。它丰富了治疗过程，且可以有多种使用方式。我经常使用治疗卡片，有时候还会使用夸张的方法，甚至依靠绘画（比如，画出病人必须穿过的桥梁）。比喻帮助我进入群体治疗对象的意象世界，从而成为一个不那么具有威胁性和距离感的人物。

因此，群体治疗结合了不同治疗方法。我们在小组中采取的干预措施本质上是综合的，结合了各种治疗范例，有时甚至是反例,旨在为群体治疗对象提供解决困难的方法。所有这些都是基于这样一种认识,即单一的方法有时是不够的。

　　有些群体治疗对象,在治疗过程的某个阶段或在治疗结束时,又继续接受个体治疗或夫妻咨询。有一些人认为,夫妻咨询与群体治疗同时进行很有必要,还有一些人认为应该将群体治疗和个体治疗结合起来。能否为小组中的每个人量身定制心理治疗方案,需要结合治疗的灵活性和综合各种治疗方法来考虑,其中包括使用各种方法和各种治疗工具。

后　记

　　尽管亲密关系中男性对伴侣的暴力是一种普遍现象,但对于想要了解这一现象,运用专业方法应对它,使这种现象在社会上减少,仍然处于起步阶段。总的来说,大多数亲密关系中的施暴者并不会主动寻求帮助。社会服务体系为少数施暴者提供了帮助。这些人中的大多数把暴力行为当成一个秘密,不会主动说出自己的诉求。他们的伴侣也不愿寻求帮助。有的人并不认为这是一个问题,有的人将其视为亲密关系的一部分,还有的虽然意识到他们需要帮助,却总是回避。虽然社会和媒体上有很多关于家暴问题的讨论,但我们依然很难鼓励那些有家暴行为的施暴者寻求帮助,也难以为他们提供指导性方案。而对于那些寻求帮助的人,我们也没有能力为其提供系统的治疗方法。本书的写作目的,是在如何帮助施暴者停止暴力行为这一问题上，提供另一层帮助。写这本书，是希望将该领域的经验、临床知识和研究文献结合起来，这将有助于促进对亲密关系中施暴者的治疗。这本书是写给所有面临这一问题的人，以及那些想要了解我们如何帮助施暴者处理这一问题的人。

对有暴力行为的人进行干预，需要专业人士，并不是每个治疗师都能成为治疗这类人群的专业人员。治疗师必须愿意与那些伤害他人的人产生共情，并且直面他们伤人的一面。只有这样才可能帮助这些治疗对象了解导致其暴力行为的心理机制。如果拒绝面对他们内心的这些部分，将使治疗师更难在面对这些治疗对象时采取积极的态度和治疗措施。

一般家暴领域的治疗师，特别是治疗有暴力行为的男性治疗师，应该对暴力行为形成明确的看法，即决不能对亲密关系中出现的暴力行为持包容态度。虽然必须站在否定暴力行为的立场，但作为治疗师，我又不得不对那些有暴力行为的人抱有同情。采用辩证的方法将使这些治疗对象站到一个与他们的行为不相关的立场上。

治疗有暴力行为的人是一个艰难的干预过程。大多数接受治疗的人对治疗并不真正感兴趣，甚至反对治疗，并且对必须接受治疗感到矛盾甚至愤怒。而那些愿意寻求帮助的人，又无法控制自己的需求，对治疗的态度也很固执，这些困难还不算他们正在面临的生活上的困难和创伤。在面对这些治疗对象形成的障碍时,治疗师一方面必须保持冷静和果断;另一方面又要对遇到困难的治疗对象表示同情,并帮助他们培养一些技能,为改变做好准备,并帮助他们增强改变的动力。同时,治疗师必须了解在亲密关系中遭受暴力的女性的经历,诸如被压迫、驱赶和恐吓等。只治疗男性或只治疗女性的专业人士,往往会孤立地看待亲密关系中的暴力行为。但这会忽视亲密关系中暴力行为发生的双向性。因此,家庭暴力领域治疗的专业人员必须同时治疗男性和女性,即施暴者和受害者。

我们要有更广阔的视野,并对关系的进程保持警惕。比如,一个熟练的治疗师能够理解他的某个治疗对象为什么在以强迫和暴力的方式对待伴侣后,还会觉得自己被对方利用和控制了;也能理解为什么这个男人会因为伴侣疏远自己,同时警察、缓刑服务机构和法院牵扯进事件中来而感到痛苦和折磨。治疗师必须对双方都产生共情,同时也要根据施暴者的情绪状态评估其伴侣面临的危险的程度,并作出相应的决定。

在这个世界上,没有哪位专业人士会站在只使用一种可行办法的治疗立场。我们应该小心,不要一味追求依赖移情和反移情的治疗方法,这种关系仅仅建立在对情感亲密和身份认同的需要上——这与有暴力行为的男性与他们的伴侣之间形成的二元关系是一样的。除了关爱和同情外,治疗师还

应对他们与治疗对象之间关系的本质保持警惕,跟治疗对象
保持界限,甚至在必要的时候对抗治疗对象。然而,治疗师和
治疗对象之间的关系有时候也可以是一味"良药"。因此,专
业人员必须保持积极态度,避免失去治疗对象的信任,这是建
立治疗联盟必不可少的。

　　近些年来,我一直强调要保持积极主动,这是一种基本的
立场和态度,如果没有这种立场,我就没办法帮助那些需要帮
助的人。积极,就是能够专注于做到亲近和关怀,并且恪守关
爱治疗对象的承诺,尽管在此过程中会遇到一些困难,但积极
是一种"好家长"的立场。他们既要走近治疗对象,又要与治
疗对象保持适当的距离。他们必须在移情关系中抱有最大的
希望并且做到最好,但不能以破坏治疗关系为代价,也不能对
治疗对象在治疗过程中"退化"的部分视而不见,进而让他身
边的人处于危险中。就像父母在帮助孩子获得身心和情感发
展的同时,也要防止其伤害自己和周围的人。

　　在治疗男性施暴者时,治疗师的性别并没有优势。男性
或女性治疗师都可以发展出一种积极的立场。女性治疗师必
须警惕可能会影响治疗进程的基于性别的差异性(约翰逊,
2005),包括与男性施暴者有关的立场,女性主义者和反性别
歧视者的立场,处理两性之间情感转移的能力,以及在工作环
境中(在这样的环境中,一些治疗对象可能仅仅因为治疗师是
女性而不尊重她的权威和专业精神)开展治疗的意愿。女性

治疗师必须保持警惕,不要因为想要向男性治疗对象证明她"支持他们"而做出影响治疗进程的行为。而男性治疗师也应该警惕可能降低治疗效率的无意识行为(谢尔,2005),其中包括竞争和比较,以牺牲情感联结为代价的功利主义倾向,缺乏对攻击性和微攻击性行为识别的意识,以及由于需要与治疗对象保持距离而表现出疏远和居高临下的姿态。

治疗亲密关系中的施暴者是一项富有挑战的工作,因为治疗对象通常缺乏治疗动机,充满矛盾心理,中途退出率高(麦克伦宁等人,2016),而且治疗体系在组织和专业方面本身也存在不足。尽管如此,每周与这些治疗对象的交流还是让我充满好奇,这让我能够帮助那些寻求帮助的人,也有助于我的个人和职业发展。通过与他们会面,我比以往任何时候都更清楚地认识到,暴力行为是人类的一种破坏性行为。对我而言,有害行为和尊重行为之间的区别变得更加清晰。我意识到权力斗争的复杂性,以及施暴者内心的平等观念、优越感和权利感与其暴力倾向和暴力行为之间的关系。在我看来,让那些需要帮助的人看到专业人士愿意深入研究人际关系非常重要。一方面,这让他们愿意直面愤怒、痛苦、邪恶、伤害和无助;另一方面,尽管如此,他们仍然心怀希望,对亲密和爱充满渴望。

致 谢

我衷心地感谢那些让我明白什么是治疗,让我了解人际关系的深度和复杂性的治疗对象。感谢我的朋友雅法·舒尔(Yaffa Shur)女士和欧哈德·吉尔巴博士阅读我的手稿,并分享他们富于启发性的评论。我还要感谢欧哈德为我作序。

感谢罗妮特·莱夫-阿里(Ronit Lev-Ari)女士,感谢您从一开始就相信我,并愿意与我分享这一切的始末。感谢纳马特机构和格利克曼-纳马特中心,你们是我的第二个家;感谢我的社会工作者同事什洛米特·劳奇(Shlomit Rauch)、什洛米特·莱文(Shlomit Levin)、埃利舍瓦·卡夫托里(Elisheva Kaftori)、诺亚·沙米尔(Noa Shamir)、奥里特·艾伦(Orit Eiron)、鲁西·厄泽里(Ruthie Ozeri)和塔米尔·阿什曼(Tamir Ashman),感谢你们让我在治疗亲密关系中的施暴者这一领域得到的成长和提升。

参考文献

英语资源：

Abrahamson, L. Y. , Seligman, M. E. P. , and Teasdale, J. D. 1978. "Learned Helplessness in Humans: Critique and Reformulation". *Journal of Abnormal Psychology*, 87, pp. 49-74.

Addis, M. 2011. *Invisible Men: Men's Inner Lives and the Consequences of Silence*. Macmillan.

Addis, M. E, Mahalik, J. R. 2003. "Men, Masculinity, and the Contexts of Help Seeking". *American Psychologist*, 58(1) , pp. 5-14.

Addis, M. E. 2008. "Gender and Depression in Men". *Clinical Psychology: Science and Practice,* 15(3) , pp. 153-168.

Aiden, B. 1998. "The Use of Touch in Psychotherapy". *Self and*

Society, 26, pp. 3–8.

American Psychological Association. 2018. *APA Guidelines for Psycho-logical Practice with Boys and Men.* American Psychological Association. Washington DC: American Psychological Association. https://www. apa. org/about/policy/boys-men-practice-guidelines. pdf

Archer, J. 2000. "Sex Differences in Aggression Between Heterosexual Partners: A Meta-analytic Review". *Psychological Bulletin*, 126, pp. 651–680.

Aron, L. (2013). *A meeting of minds: Mutuality in psychoanalysis.* Routledge.

Askew, S. , Ross, C. 1212. *Boys Don't Cry: Boys and Sexism in Education.* Open university Press: England.

Bailey, B. , Buchbinder, E. , and Eisikovits, Z. 2011. *Male Social Workers Working with Men Who Batter: Dilemmas in Gender Identity. Journal of Interpersonal Violence*, 26(9), pp. 1741–1762.

Bailey, B. and Eisikovits, Z. 2011. "Male Social Workers Working with Men Who Batter: Dilemmas in Gender Identity". *Journal of Interpersonal Violence*, 26(9), pp. 1741–1762.

Bailey, J. A. , Hill, K. G. , Oesterle, S. , Hawkins, J. D. , and The Social Development Research Group 2009. "Parenting Practices and Problem Behavior Across Three Generations: Monitoring, Harsh Discipline, and Drug Use in the Intergenerational Transmission of Externalizing Behavior". *Devel-opmental Psychology*, 45(5), pp. 1214–1226.

Bancroft, L. 2003. *Why Does De Do That?: Inside the Minds of Angry and Controlling Men.* Penguin.

Bandura, A. 1973. *Aggression: A social Learning Analysis.* Prentice-Hall. Bandura, A. 1977. *Social Learning Theory.* New York, NY: General Learning Press.

Bandura, A. , and Walters, R. H. 1963. *Social Learning and Personality Development.* Retrieved from http://doi. apa. org/psycinfo/ 1963-35030-000

Bates, Elizabeth A. 2121. "Walking on Egg shells: A Qualitative-Examination of Men's Experiences of Intimate Partner Violence". *Psychology of Men and Masculinities.* 21, no. 1, p. 13.

Becker, J. C. , and Swim, J. K. 2012. "Reducing Endorsement of Benevolent and Modern Sexist Beliefs: Differential Effects of Addressing Harm Versus Pervasiveness of Benevolent Sexism". *Social Psychology,* 43, pp. 127-137.

Begun, A. L. , Murphy, C. M. , Bolt, D. , Weinstein, B. , Strodthoff, T. , Short, L. , and Shelley, G. 2003. "Characteristics of the Safe at Home Instrument for Assessing Readiness to Change Intimate Partner Violence". *Research on Social Work Practice,* 13, pp. 80-107.

Benjamin, J. 2018. *Beyond Doer and Done to: Recognition Theory, Intersubjectivity and the Third.* Routledge/Taylor and Francis Group.

Bergman, S. J. 1995. "Men's Psychological Development: A Relational Perspective". In: Levant. R. Pollack. W. 1995. (Eds.) . *A New*

Psychology of Man. Basic press: NY. pp. 68–91.

Bergman, S. J. 1995. "Men's Psychological Development: A Relational Perspective". In: Levant. R. Pollack. W. 1995. (Eds.). *A New Psychology of Man.* Basic press: NY. pp. 68–91.

Black, A. E. 2017. "On Attacking and Being Attacked in Group Psycho-therapy". *International Journal of Group Psychotherapy*, 67(3), pp. 291–313.

Bordin, E. S. 1979. "The Generalizability of the Psychoanalytic Concept of the Working Alliance". *Psychotherapy* (Chic.) 16, pp. 252–260.

Bowen, E., and Gilchrist, E. 2006. "Predicting Dropout of Court-mandated Treatment in a British Sample of Domestic Violence Offenders". *Psychology, Crime and Law*, 12(5), pp. 573–587.

Bowen, M. 1990. *Family Therapy in Clinical Practice.* New Jersey: London: Jason Aronson Northvale.

Braun, J. D., Strunk, D. R., Sasso, K. E., and Cooper, A. A. 2015. "Therapist Use of Socratic Questioning Predicts Session-to-Session Symptom Change in Cognitive Therapy for Depression". *Behaviour Research and Therapy*, 70, pp. 32–37.

Breckenridge, K. 2000. "Physical Touch in Psychoanalysis: A Closet Phenomenon?" *Psychoanalytic Inquiry*, 20, pp. 2–20.

Breedlove, S. M., and Watson, N. V. 2013. *Biological Psychology: An Introduction to Behavioral, Cognitive, and Clinical Neuroscience.*

Sinauer Associates.

Breines, I. , R. W. Connell, and I. Eide, (Eds.) 2000. *Male Roles, Masculinities and Violence: A Culture of Peace Perspective*. Paris: UNESCO.

Brooks, G. R. 1998. *A New Psychotherapy for Traditional Men*. Jossey-Bass.

Brooks, M. 2018. *Male Victims of Domestic and Partner Abuse:* 35 *key facts*. Retrieved from http://www. mankind. org. uk/wp - content/ up-loads/2018/04/35-Key-Facts-Male-Victims-March-2018-1. pdf

Brown, L. S. , and Walker, L. E. (1990). "Feminist Therapy Perspectives on Self-disclosure". In *Self-disclosure in the Therapeutic Relationship* (pp. 135-154). Springer, Boston, MA.

Browne, K. O. , Saunders, D. G. , and Staecker, K. M. 1997. "Process-psycho-dynamic Groups for Men Who Batter: A Brief Treatment Model". *Families in Society*, 78(3), pp. 265-271.

Catlett, B. S. , Toews, M. L. , and Walilko, V. 2010. "Men's Gendered Constructions of Intimate Partner Violence as Predictors of Court-Mandated Batterer Treatment Drop Out". *American Journal of Community Psychology*, 45(1-2), pp. 107-123.

Connell, R. W. (1995). *Masculinities*. Berkeley and Los Angeles, CA: University of California Press with Polity Press.

Chodoro, N. 1978. *The Reproduction of Motherhood: Feminism, Psycho-analysis and the Sociology of Gender*, Berkeley: university of

California Press.

Cochran, S. V. 2005. "Assessing and Treating Depression in Men". In G. Brooks, and G. Good (Eds.) , *The New Handbook of Psychotherapy and Counseling with Men* (pp. 121 – 133). San Francisco: Jossey-Bass.

Cochran, S. V. , and Rabinowitz, F. E. 2000. *Men and Depression: Clinical and Empirical Perspectives*. San Diego, CA: Academic Press.

Conger, R. , Neppl, T. , Kim, K. , and Scaramella, L. 2003. "Angry and Aggressive Behaviour Across Three Generations: A Prospective, Longitudinal Study of Parents and Children". *Journal of Abnormal Child Psychology*, 31(2) , pp. 143 – 160.

Connell, R. W. 1994. "Psychoanalysis on Masculinity". *Theorizing Masculinities*, pp. 11 – 38.

Connell, R. W. 1995. *Masculinities*. Berkeley and Los Angeles, CA: University of California Press with Polity Press.

Corvo, K. , and Johnson, P. J. 2113. "Vilification of the ' Batterer' : How Blame Shapes Domestic Violence Policy and Interventions". *Aggression and Violent Behavior*, 8(3) , pp. 259 – 281.

Cusack, J. , Deane, F. P. , Wilson, C. J. , and Ciarrochi, J. 2004. "Who Influence Men to Go to Therapy? Reports from Men Attending Psychological Services". *International Journal for the Advancement of Counselling*, 26, pp. 271 – 283.

Dobash, R. E. , and Dobash, R. P. 1979. *Violence Against Wives:*

A Case Against the Patriarchy. New York, NY: Free Press.

Dobash, E. R. , and Dobash, R. 1999. *Changing Violent Men.* Thousand Oaks, CA: Sage.

Dobash, R. E. , and Dobash, R. P. (Eds.). 1998. *Rethinking Violence Against Women (Vol. 9). Sage Publications.*

Dutton, D. G. and Golant, S. K. 1995. *The Batterer: A Psychological Profile.* New York: Basic Books.

Eisikovits, Z. , and Bailey, B. 2011. "From Dichotomy to Continua: Towards a Transformation of Gender Roles and Intervention Goals in Partner Violence". *Aggression and Violent Behavior*, 16(4) , pp. 340 – 346.

Elliot, B. 1994. "The Womb and Gender Identity". In D. Brown and L. Zinkin (Eds.) *The Psyche and the Social World* (pp. 118 – 128). London and New York: Routledge.

Ellis, A. 2003. "Similarities and Differences Between Rational Emotive Behavior Therapy and Cognitive Therapy". *Journal of Cognitive Psycho-therapy*, 17(3) , pp. 225 – 240.

Emslie, C. , Ridge, D. , Ziebland, S. , and Hunt, K. (2006). "Men's Accounts of Depression: Reconstructing or Resisting Hegemonic Masculinity?". *Social Science and Medicine*, 62(9) , pp. 2246 – 2257.

Englar-Carlson, M. 2006. "Masculine Norms and the Therapy Process". In M. Englar-Carlson, and M. A. Stevens (Eds.), *In the Room with A Men: A Casebook of Therapeutic Chance* (pp. 13 – 47).

Washington, DC. : APA.

Enosh, G. , and Buchbinder, E. 2019. "Mirrors on the Wall: Identification and Confrontation in Group Processes with Male Batterers in Prison". *Psychology of Men and Masculinities*, 20(4) , p. 575.

Entilli, L. , and Cipolletta, S. 2017. "When the Woman Gets Violent: The Construction of Domestic Abuse Experience from Heterosexual Men's Perspective". *Journal of Clinical Nursing*, 26, pp. 2328–2341.

Erzinger, A. B. , and Steiger, A. E. 2014. "Intergenerational Transmission of Maternal and Paternal Parenting Beliefs: The Moderating Role of Interaction Quality". *European Journal of Developmental Psychology*, 11(2) , pp. 177–195.

Fischer, A. R, Good, G. E. 1997. "Men and Psychotherapy: An Investigation of Alexithymia, Intimacy, and Masculine Gender Roles". *Psychotherapy: Theory, Research, Practice, Training*, Vol 34(2) , 1997, pp. 160–170.

Flood, M. , Pease, B. 2009. "Factors Influencing Attitudes to Violence Against Women". *Trauma, Violence, and Abuse*, 10, pp. 125–142.

Foulkes, S. H. 1948. *Introduction to Group Analytic Psychotherapy*. Karnac.

Foulkes, S. H. 1964. *Therapeutic Group Analysis*. London: George Allen and Unwin.

Gass, J. D. , Stein, D. J. , Williams, D. R. , and Seedat, S. 2011. "Gender Differences in Risk for Intimate Partner Violence Among South

African Adults". *Journal of Interpersonal Violence*, 26(14) , pp. 2764 - 2789.

Gil, D. G. 1996. "Preventing Violence in a Structurally Violent Society: Mission Impossible". *American Journal of Orthopsychiatry*, 66 (1) , pp. 77-84.

Gilbar, O. , Dekel, R. , Hyland, P. , and Cloitre, M. 2019. "The Role of Complex Posttraumatic Stress Symptoms in the Association Between Exposure to Traumatic Events and Severity of Intimate Partner Violence". *Child Abuse and Neglect*, 98, article 104174.

Gilbar O. , Taft C. , and Dekel R. (2020a) . "Male Intimate Partner Violence: Examining the Roles of Childhood Trauma, PTSD Symptoms, and Dominance". *Journal of Family Psychology*.

Gilbar O. , Wester S. , and Ben-Porat A. (2020b) . "Gender Role Conflict Restricted Emotionality as a Mediator in the Association Between Exposure to Traumatic Events, PTSD, and Intimate Partner Violence by Men". *Psychology of Men and Masculinity*.

Gondolf, E. W. 1997. "Batterer Programs: What We Know and Need to Know". *Journal of Interpersonal Violence*, 12, pp. 83-98.

Gray, I. 2004. "Working with a Couple After Violence: Reflections on a Differentiation-Based Approach". *Australian and New Zealand Journal of Family Therapy*, 25(4) , pp. 206-211.

Greenspan, M. 1986. "Should Therapists be Personal? Self-disclosure and Therapeutic Distance in Feminist Therapy". *Women and Ther-*

apy, 5, pp. 5–17.

Gulliver, A. , Griffiths, K. M. , and Christensen, H. 2010. "Perceived Barriers and Facilitators to Mental Health Help-seeking in Young People: A Systematic Review". *BMC psychiatry,* 10(1), p. 113.

Hall, J. C. 2011. "A Narrative Approach to Group Work with Men Who Batter". *Social Work with Groups,* 34(2), pp. 175–189.

Henkel, V. , Bussfeld, P. , Möller, H. J. , and Hegerl, U. 2002. "Cognitive-behavioural Theories of Helplessness/Hopelessness: Valid Models of Depression?". *European Archives of Psychiatry and Clinical Neuroscience,* 252(5), pp240–249.

Henning, K. , andHoldford, R. 2006. "Minimization, Denial, and Victim Blaming by Batterers: How Much Does the Truth Matter?". *Criminal Justice and Behavior,* 33(1), pp. 110–130.

Hines, D. A. , and Douglas, E. M. 2009. "Women's Use of Intimate Partner Violence Against Men: Prevalence, Implications, and Consequences". *Journal of Aggression, Maltreatment and Trauma,* 18(6), pp. 572–586.

Holtzworth-Munroe, A. , and Stuart, G. L. 1994. "Typologies of Male Batterers: Three Subtypes and the Differences Among Them". *Psychological Bulletin,* 116(3), p. 476.

Irons, R. , and Schneider, J. P. 1997. "When is Domestic Violence a Hidden Face of Addiction?". *Journal of Psychoactive Drugs,* 29(4), pp. 337–344.

Johnson, N. G. 2005. "Women Helping Men: Strengths of and Barriers to Women Therapists Working with Men Clients". In G. E. Good and G. R. Brooks (Eds.) , *The New Handbook of Psychotherapy and Counseling with Men: A Comprehensive Guide to Settings, Problems, and Treatment Approaches*, pp. 291–307. Jossey-Bass.

Joshi, C. A. 2009. *An Empirical Validation of Viktor Frankl's Logotherapeutic Model*. University of Missouri-Kansas City.

Jukes, A. 1999. *Men Who Batter Women*. Psychology Press.

Karakurt, G. , and Cumbie, T. 2012. "The Relationship Between Egalitarianism, Dominance, and Violence in Intimate Relationships". *Journal of Family Violence*, 27(2), pp. 115–122.

Kessler, R. C. , Berglund, P. , Demler, O. , Jin, R. , Koretz, D. , Merikangas, K. R. , Rush, A. J. , et al. 2003. "The Epidemiology of Major Depressive Disorder: Results from the National Comorbidity Survey Replication (NCS-R)". *Journal of the American Medical Association*, 289, pp. 3095–3105.

Kilmartin C, T. 2005. "Depression in Men: Communication, Diagnosis and Therapy". *Journal of Men's Health and Gender*. 2 pp. 95–99.

Kilmartin, C. , and McDermott, R. C. 2115. "Men's Violence and Masculinities". In Y. J. Wong and S. R. Wester (Eds.) , *APA Handbook of Men and Masculinities*, pp. 615–636 Washington, DC: American Psychological Association.

Kilmartin, C. , Smith, T. , Green, A. , Heinzen, H. , Kuchler, M. , and Kolar, D. 2008. "A Real Time Social Norms Intervention to Reduce Male Sexism". *Sex Roles*, 59(3).

Kimmel, M. S. 2112. "Gender Symmetry". In*Domestic Violence: A Substantive and Methodological Research Review*. *Violence against women*, 8(11), pp. 1332-1363.

Kimmel, M. S. 0222. "Masculinity as Homophobia: Fear, Shame, and Silence". In: Murphy, P. F. Ed: . *Feminism and Masculinity*, pp. 182-200. Oxford University Press.

Kimmes, J. G. , Mallory, A. B. , Spencer, C. , Beck, A. R. , Cafferky, B. , and Stith, S. M. 2019. "A Meta-analysis of Risk Markers for Intimate Partner Violence in Same-sex Relationships". *Trauma, Violence, and Abuse*, 20(3), pp. 374-384.

Kistenmacher, B. and Weiss, R. L. 2008. "Motivational Interviewing as a Mechanism for Change in Men Who Batter: A Randomized Controlled Trial". *Violence and Victims: Special Issue on Understanding and Facilitating*, 23, pp. 558-570.

Kottler, Jeffrey A. 1993. *On Being a Therapist*. San Francisco, California: Jossey-Bass.

Krugman, S. 1995. "Male Development and the Transformation of Shame". In R. F. Levant and W. S. Pollack (Eds.), *A New Psychology of Men*, pp. 91-126. Basic Books/Hachette Book Group.

Krugman, S. 1998. "Men's Shame and Trauma in Therapy". In: W. S. Pollak and R. F. Levant (Eds.), *New Psychotherapy for Men*, pp. 167–190. New York: Wiley.

Langhinrichsen-Rohling, J. , McCullars, A. , and Misra, T. A. 2012. "Motivations for Men and Women's Intimate Partner Violence Perpetration: A Comprehensive Review". *Partner Abuse*, 3 (4), pp. 429–468.

Lawson, D. M. , Kellam, M. , Quinn, J. , and Malnar, S. G. 2012. "Integrated Cognitive-behavioral and Psychodynamic Psychotherapy for Intimate Partner Violent Men". *Psychotherapy*, 49(2), p. 190.

Levant, R. F. 2005. "The Crises of Boyhood". In Brooks, G. R. , and Good, G. E. *The New Handbook of Psychotherapy and Counseling with Men: A Comprehensive Guide to Settings, Problems, and Treatment Approaches, Vol. 1 and 2.* Jossey-Bass.

Leverenz, D. 1991. "The Last Real Man in America: From Natty Bumppo to Batman". *American Literary Review*, 3.

Levine, R. 2011. "Progressing While Regressing in Relation-ships". *International Journal of Group Psychotherapy*, 61(4), pp. 621–643.

Loeber, R. , Pardini, D. , Homish, D. L. , Wei, E. H. , Crawford, A. M. , Farrington, D. P. , Stouthamer-Loeber, M. , Creemers, J. , Koehler, S. A. , and Rosenfeld, R. 2005. "The Prediction of Violence and Homicide in Young Men". *Journal of Consulting and Clinical Psychology*, 73, pp. 1074–1088.

Loewald H. W. 1978. "Instinct Theory, Object Relations, and Psychic Structure Formation". In *Papers on Psychoanalysis*, pp. 207 – 18. New Haven, CT, USA: Yale Univ. Press.

Long. D. 1987. "Working with Men Who Batter". In M. Scher. M. tevens, G. good, and G. a. Eichenfield (Eds.), *Handbook of Counseling and Psycho-therapy with Men*, pp. 305 – 320. Newbury Park, CA: Sage.

MacFarlane, P. , Anderson, T. , and McClintock, A. S. 2015. "The Early Formation of the Working Alliance from the Client's Perspective: A Qual-itative Study". *Psychotherapy*, 52(3), p. 363.

Machado, A. , Hines, D. , and Matos, M. 2016. "Help-seeking and Needs of Male Victims of Intimate Partner Violence in Portugal". *Psychology of Men and Masculinity*, 17, pp. 255–264.

Mahalik, J. R. , Aldarondo, E. , Gilbert-Gokhale, S. , and Shore, E. 2005. "The Role of Insecure Attachment and Gender Role Stress in Predicting Controlling Behaviors in Men Who Batter". *Journal of Interpersonal Violence*, 20(5), pp. 617–631.

Mahalik, J. R. , Van Ormer, E. A. , and Simi, N. L. 2000. "Ethical Issues in Using Self-disclosure in Feminist Therapy". In M. M. Brabeck (Ed.), *Psychology of Women book series. Practicing Feminist Ethics in Psychology*, pp. 189–201. American Psychological Association.

Marcovitz, E. 1982. "Aggression: An Overview". *Psychoanalytic Inquiry*, 2(1), pp. 11–20.

Maroda, K. J. 1999. "Creating an Intersubjective Context for Self-disclosure". *Smith College Studies in Social Work*, 69(2), pp. 474−489.

Martin, D. J. , Garske, J. P. , and Davis, M. K. 2000. "Relation of the Therapeutic Alliance with Outcome and Other Variables: A Meta-analytic Review". *Journal of Consulting and Clinical Psychology*, 68 (3), p. 438.

Mathews, B. 1989. "The Use of Therapist Self-disclosure and its-Potential Impact on the Therapeutic Process". *Journal of Human Behavior and Learning*, 6, pp. 25−29.

McClennen, J. C. , Keys, A. M. , and Dugan-Day, M. L. 2016. *Social Work and Family Violence, Second Edition: Theories, Assessment, and Intervention: Vol. Second Edition*. Springer Publishing Company.

McDermott, R. C. , Schwartz, J. P. , and Rislin, J. L. 2116. "Men's Mental Health: A Biopsychosocial Critique". In Y. J. Wong, S. R. Wester. (Eds.), *APA Handbook of Men and Masculinities*, pp. 751−731. Washington, DC: American Psychological Association.

Meissner, W. W. 2005. "Gender Identity and the Self: I". *Gender Formation in General and in Masculinity. Psychoanalytic Review*, 92, pp. 1−28.

Miller, A. 2008. *The Drama of the Gifted Child: The Search for the True Self*. Basic Books.

Moller-Leimkuhler A, M. , Bottlender R. , Straub A. , Rutz W. 2004. "Is There Evidence for a Male Depressive Syndrome in Patients with Major Depression?" *Journal of Affective Disorders*. 80 pp. 87−93.

Morrel, T. M. , Elliot, J. D. , Murphy, C. M. , and Taft, C. T. 2003. "Cognitive Behavioral and Supportive Group Treatments for Partner-violent Men". *Behavior Therapy*, 34(1), pp. 77−95.

Nam, S. K. , Chu, H. J. , Lee, M. , Lee, J. H. , Kim, N. , and Lee, S. M. 2010. "A Meta-analysis of Gender Differences in Attitudes Toward Seeking Professional Psychological Help". *Journal of American College Health*, 59, pp. 110−116.

Nesset, M. B. , Lara-Cabrera, M. L. , Dalsbø, T. K. , Pedersen, S. A. , Bjørn-gaard, J. H. , and Palmstierna, T. 2019. "Cognitive Behavioural Group Therapy for Male Perpetrators of Intimate Partner Violence: A Systematic Review". *BMC psychiatry*, 19(1), p. 11.

O'Leary, K. D. (1988). "Physical Aggression Between Spouses: A Social Learning Perspective". In V. B. Van Hasselt, R. Morrison, A. Bellack, and M. Hersen (Eds.), *Handbook of Family Violence*, pp. 31−55. New York, NY: Plenum.

O'Neil, J. M. 2115. *Men's Gender Role Conflict*. Washington, DC: American Psychological Association.

Oram, S. , Trevillion, K. , Khalifeh, H. , Feder, G. , and Howard, L. M. 2014. "Systematic Review and Meta-analysis of Psychiatric Disorder and the Perpetration of Partner Violence". *Epidemiology and Psychiatric Sciences*, 23(4), pp. 361−376.

Oren, C. Z, Engler-Carlson, M. , Stevens, M. A. , and Oren, D. C. , 2010. "Counseling Fathers from a Strength-based Perspective". In C. Z.

Oren, and D. C. Oren (Eds.), *Counseling Fathers*, pp. 23-47. New York: Routlege.

Ormont, L. R. 1994. "Developing Emotional Insulation". *International Journal of Group Psychotherapy*, 44(3), pp. 361-375.

Parrott, D. J. , Zeichner, A. , and Hoover, R. 2006. "Sexual Prejudice and Anger Network Activation: The Mediating Role of Negative Affect". *Aggressive Behavior*, 32(1), pp. 7-16.

Parry, A. , and Doan, R. E. 1994. *Story Revisions: Narrative Therapy in the Postmodern World. Guilford Press.*

Pederson, E. L. , and Vogel, D. L. 2007. "Gender Role Conflict and Willingness to Seek Counseling: Testing a Mediation Model on College-aged Men". *Journal of Counseling Psychology*, 54(4), pp. 373-384.

Pence, E. , and Paymar, M. 1993. *Domestic Violence Information Manual: The Duluth Domestic Abuse Intervention Project.* Retrieved, August, 25, 2009.

Pleck, Joseph H. "Men's Power with Women, Other Men, and Society: A Men's Movement Analysis". *Feminism and Masculinities*, 2004, pp. 57-68.

Pollack, W. S. 2005. "Masked Men: New Psychoanalytically Oriented Treatment Models for Adult and Young Adult Men". In G. E. Good and G. R. Brooks (Eds.), *The New Handbook of Psychotherapy and Counseling with Men: A Comprehensive Guide to Settings, Problems, and Treatment* Approaches, pp. 203－216. Jossey-Bass/Wiley.

Prochaska, J. O. , and DiClemente, C. C. 1982. "Transtheoretical Therapy: Toward a More Integrative Model of Change". *Psychotherapy: Theory, Research and Practice*, 20, pp. 161－173.

Prochaska, J. W. , DiClemente, C. C. , and Norcross, C. C. 1992. "In Search of How People Change: Applications to Addictive Behaviors". *American Psychologist*, 47, pp. 1102－1114.

Racker, H. (2018) . Transference and countertransference. Routledge.

Rabinowitz, F. E. 2005. "Group Therapy for Men". In: Brooks, G. R. , and Good, G. E. *The New Handbook of Psychotherapy and Counseling with Men: A Comprehensive Guide to Settings, Problems, and Treatment Approaches, Vol.* 1 *and* 2. Jossey-bass.

Rabinowitz, F. E. 2006. "Crossing the No Cry Zone: Psychotherapy with men". *Courses for Mental Health Professionals*. Continuing Ed Courses. Net. https://www. continuingedcourses. net/active/courses/course040. php

Reidy, D. E. , Shirk, S. D. , Sloan, C. A. , and Zeichner, A. 2009. "Men Who Aggress Against Women: Effects of Feminine Gender Role Violation on Physical Aggression in Hypermasculine Men". *Psychology of Men and Masculinity*, 10(1) , pp. 1－12.

Rioch, C. R. , 1970. "The Work of W, Bion on Group". *Psychiatry*, 33. pp. 55－66.

Rosenbaum, A. 2002. *Domestic Violence Offenders: Current Interventions, Research and Implications for Policies and Standards.* New York, NY: Routledge.

Roy, V. , Châteauvert, J. , and Richard, M. C. 2013. "An Ecological Examination of Factors Influencing Men's Engagement in Intimate Partner Violence Groups". *Journal of Interpersonal Violence,* 28(9), pp. 1798-1816.

Ryan, a. m. , 2013. "Using Metaphors with Men". In: Rochlen, A. B. , and Rabinowitz, F. E. (Eds.). *Breaking Barriers in Counseling Men: Insights and Innovations.* Routledge.

Scher, M. 2005. "Male Therapist, Male Client: Reflections on Critical Dynamics". In: Brooks, G. R. , and Good, G. E. *The New Handbook of Psychotherapy and Counseling with Men: A Comprehensive Guide to Settings, Problems, and Treatment Approaches, Vol.* 1 *and* 2. Jossey-Bass.

Scholar, J. H. , andGalinsky, M. J. 2006. "Meeting Practice Needs: Conceptualizing the Open-ended Group". *Social Work with Groups,* 28(3-4), pp. 49-68.

Schubert, E. E. , Protinsky, H. O. , and Viers, D. 2002. "Levels of Differentiation and Marital Egalitarianism in Men who Batter". *Journal of Feminist Family Therapy,* 14(1), pp. 1-19.

Schwartz, J. P. , Magee, M. M. , Griffin, L. D. , and Dupuis, C. W. 2004. "Effects of a Group Prevention Intervention on Risk and Protective Factors Related to Dating Violence". *Group Dynamics: Theory, Research, And Practice*, 8(3), pp. 221–231.

Seligman, M. E. 2002. *Handbook of Positive Psychology*. New York, NY: Oxford University Press.

Shamai, M. , and Buchbinder, E. 2009. "Control of the Self: Partner-violent Men's Experience of Therapy". *Journal of Interpersonal Violence*, 25, pp. 1338–1362.

Sherman, L. W. , and Harris, H. M. 2015. "Increased Death Rates of Domestic Violence Victims from Arresting vs. Warning Suspects in the Milwau-kee Domestic Violence Experiment (MilDVE)". *Journal of Experimental Criminology*, 11, pp. 1–20.

Silvergleid, C. S. , and Mankowski, E. S. 2006. "How Batterer Intervention Programs Work: Participant and Facilitator Accounts of Processes of Change". *Journal of Interpersonal Violence*, 21, pp. 139–159.

Smith, M. 2007. "Self-deception Among Men Who Are Mandated to Attend a Batterer Intervention Program". *Perspectives in Psychiatric Care*, 43(4), pp. 193–203.

Solnit, R. 2014. *Men Explain to Me*. Haymarket Books.

Straus, M. A. 2008. "Dominance and Symmetry in Partner Violence by Male and Female University Students in 32 Nations". *Children and Youth Services Review*, 30(3), pp. 252–275.

Straus, M. A. 2015. "Dyadic Concordance and Discordance in

Family Violence: A Powerful and Practical Approach to Research and Practice". *Aggression and Violent Behavior*, 24, pp. 83-94.

Straus, M. A. , Gelles, R. J. , and Steinmetz, S. K. 2006. *Behind Closed doors: Violence in the American family.* Garden City, NY and New York NY: Dou-bleday/Anchor Books. Reissued by Transaction Publishing, 2006.

Taft, C. T. , Murphy, C. M. , and Creech, S. K. (2016). *Trauma-informed Treatment and Prevention of Intimate Partner Violence.* Washington, DC: American Psychological Association.

Taft, C. T. , Murphy, C. M. , King, D. W. , Musser, P. H. , and-DeDeyn, J. M. 2003. "Process and Treatment Adherence Factors in Group Cognitive-behavioral Therapy for Partner Violent Men". *Journal of Consulting and Clinical Psychology*, 71(4), pp. 812-820.

Taha, M. , Abd-El-Hameed, M. A. , Hassan, M. A. , Kamal, A. M. , and Mah-fouz, R. 2010. "Power of Love and Love of Power in Group Psychotherapy". *Group analysis*, 43(2), pp. 155-169.

Tangney, J. P. 1991. "Moral Affect: The Good, the Bad, and the Ugly". *Journal of Personality and Social Psychology*, 61(4), p. 598.

Taubman, S. 1986. "Beyond the Bravado: Sex Roles and the Ex-ploitive Male". *Social Work*, 31(1), pp. 12-18.

Todd-Kvam, M. , Lømo, B. , and Tjersland, O. A. 2019. "Braving the Elements: Ambivalence as Opportunities for Change in Individual Psycho-therapy with Men Using Intimate Partner Violence". *Frontiers in psychology*, 10, p. 1693.

Van Wagoner, S. L. , Gelso, C. J. , Hayes, J. A. , and Diemer, R. 1991. "Countertransference and the Reputedly Excellent Therapist". *Psychotherapy*, 28, pp. 411-421.

Vogel, D. L. , Wade, N. G. , and Haake, S. 2006. "Measuring the Self-stigma Associated with Seeking Psychological Help". *Journal of Counseling Psychology*, 53, pp. 325-337.

Vogel, D. L. , Wade, N. G. , and Hackler, A. H. 2007. "Perceived Public Stigma and the Willingness to Seek Counseling: The Mediating Role of Self-stigma and Attitudes Toward Professional Psychological Help". *Journal of Counseling Psychology*, 54, pp. 40-50.

Walker, L. E. 1979. *Tile Battered Woman*. New York: Harper and Row. Wallace, D. P. , 2013. *Brief Interviews with Hideous Men*, HaKibbutz HaMeu-had Publishing.

Waltz, J. (2003). "Dialectical Behavior Therapy in the Treatment of Abusive Behavior". *Journal of Aggression, Maltreatment, and Trauma*, 7, pp. 75-103.

Wareham, J. , Boots, D. P. , and Chavez, J. M. 2009. "A Test of Social Learning and Intergenerational Transmission Among Batterers". *Journal of Criminal Justice*, 37(2)

Wenzel, A. 2012. "Modification of Core Beliefs in Cognitive Therapy, Standard and Innovative Strategies". In: *Cognitive Behavior Therapy*, pp. 17-34.

Winstok, Z. 2012. *Partner Violence: A New Paradigm for Understanding Conflict Escalation.* Springer Science and Business Media.

Winstok, Z. , and Eisikovits, Z. 2008. "Motives and Control in Escalatory Conflicts in Intimate Relationships". *Children and Youth Services Review, 30(3)* , pp. 287–296.

Winstok, Z. , and Perkis, E. 2009. "Women's Perspective on Men's Control and Aggression in Intimate Relationships". *American Journal of Orthopsy-chiatry, 79(2)* , pp. 169–180.

Wolf, E. S. 1993. "Disruptions of the Therapeutic Relationship in Psycho-analysis: A View from Self-psychology". *International Journal of Psycho-analysis, 74,* pp. 675–687.

Zarling, A. , Bannon, S. , and Berta, M. (2019) . "Evaluation of Acceptance and Commitment Therapy for Domestic Violence Offenders". *Psychology of Violence, 9,* pp. 257–266.

非英语资源：

Alfendri, R. , 2016. *Galut Vehitgalut.* [*Exile and Revelation*] . Carmel Publishing.

Apter, Y. , 2016. "*Hitarvut Psichodidactit Betipul Begvarim Hasovlim Me'elaxitmia Normativt*", ["Psycho-didactic Intervention in Treating Men with Normative-Alexithymia". *Hebrew Psychology*] . Recovered from https: //www. hebpsy. net/articles. asp? id = 3392.

Apter, Y. , 2015. *Ezrat Gvarim: Eshnav Letipul Regish Migdar,* ["Men's Section: A Window to Gender-sensitive Therapy", *Hebrew Psychology*]. Recovered from https://www. hebpsy. net/articles. asp? id = 3308.

Apter Y. , 2017. *Emdot Klapei Pniya Le'ezra Nafshit Miktzoit Bekerev Avot Bema'avar Le'abahut: Mehkar Mashve Bein Avot Heterosexualim Le'avot Homosexualim* ["Views Towards Seeking Professional Mental Help Among Fathers Transitioning into Fatherhood: A Comparative Study Between Heterosexual and Homosexual Fathers". *Philosophy Doctoral Dissertation*]. Bar Ilan University, Ramat Gan.

Aron, L. , 1996. *Hamifgash* [*The Session*]. Am Oved Publishing.

Ashman, T. , 2006. *Kvutzat Rakevet, Mae'afyenim Veshlavim Yihudi'im* [*Open-ended Group, Characteristics and Unique Stages*]. Restored from https://www. tamirashman. co. il/groups3.

Avishar, N. , 2014. *Tipul Politi: Psichoterapia Bein Ha'ishi La' politi* [*Political Therapy: Psychotherapy Between the Personal and the Political*]. Tel Aviv, Resling Publishing.

Baum, N. , 2006. *Ha'migdar Ha'ne'elam: Hityahasut Ha'avoda Ha' sotzialit El Ha'gever Ke'lakoah* ["The Silent Gender: Social Work's Referral to Men as Clients". *Society and Welfare, 26 (2)*], pp. 219–238.

BenPorat, A. , Dekel, R. and Gilbar, A. , 2018. *Havayatam Shel Gvarim Alimim Hamekablim Siyua Be'merkazim Le'tipul U'meniat Alimut Ba'mishpaha Be'Israel: Ma Ozer Be'ezra* [*Experience of Violent Men Re-*

ceiving Help at the Domestic Violence Treatment and Prevention Centers in Israel: What Helps Us Help] . Bar Ilan University.

Binyamin, G. , 1988. *Kivlei Ha'ahava* ["Bonds of Love". *Psychoanalysis, Feminism and the Issue of Control*] . Dvir Publishing.

Binyamin, G. , 2005. *Kivlei Ha'ahava* [*Bonds of Love*] . Dvir Publishing.

Bourdieu, P. , 2007. Skitza Le ' analiza Atzmit [*Self-analysis Sketch*] . HaKib-butz HaMeuhad Publishing.

Bronstein, K. , 2008. *Ha'teoriya Ha'klainianit Nekudat Mabat Bat Zmanei-ynu* [*The Kleinian Theory: A Contemporary Perspective*] . Tola'at Sfarim Publishing.

Gandhi, A. , 2007. *Matnat Ha'kaas Ve'od Sheurim Shelamadaeti Me'savi, Mahatma Gandhi* [*The Gift of Anger: And Other Lessons from My Grandfather Mahatma Gandhi*] . HaKursa Publishing.

Gilbar, A. , Goren, H. and Tali, S. , (in print) . *Meniat Alimut Bein Bnei Zug Ve'tupul Behem Ve'yaldeyhem: Ha'megamot Ba'asor Ha'aharon Be'sherutim She'beahraiut Ha'shirut Le'revahat Haprat Ve'hamishpaha* [*Preventing Spousal Violence and Treating Them and Their Children: Trends in the Last Decade in Services Under the Individual and Family Welfare Service]*. Ministry of Welfare.

Gover, R. , 2015. *Tarbut Ve'tipul: Ha'habitus Shel Ha'metupal Ba'avhana U'batipul Hapsichiatri* ["Culture and Therapy: The Patient's Habitus in Psychiatric Diagnosis and Treatment". *Gilui Da'at 8*] , pp.

61-94.

Frankl, V. E. , 1985. *Ha'sheifa Le'mashmaut* [*Man's Search For Meaning*] . Dvir Publishing.

Hermel, Y. and Nachshon-Glick, T. , 2002. *Tofa'at Ha'alimut Ba' mishpaha: Me'afyenim U'maanim Ti*[*uliyim Be'Israel* ["Domestic Violence Phenomenon: Characteristics and Therapeutic Answers in Israel". *Medicine and Law, 26*] , pp. 106-115.

Harnay, Y. , 2018. *Trumat Ha'alimut Ba'mishpachat Ha'motza Ve' hadifrintziatiya Shel Ha'atzmi Le'alimut Bnei Ha'zug U'le'ehut Hayey Ha' nisuin: Tafkidam Ha'metavech Shel Dfusei Hitmodedut Im Konfliktim Ve' atmicha Be'ben Ha'zug* ["How Origin Family Violence and the Differentiation of Self Contribute to the Violence of the Partners and Quality of Their Marriage: Mediating Role of Coping Patterns with Conflicts and Spousal Support". *Philosophy Doctoral Dissertation*] . Bar Ilan University, Ramat Gan.

Kamir, A. , 2007. *Kvod Adam Ve'hava: Feminizem Israeli Hadash Be'mishpat* Ve'bachevra [*Respecting Adam and Eve: Israeli Feminism in Law and Society*] . Carmel Publishing.

Kaspi, T. , 2020. *Metaphorot Be'psichoanaliza: Iyun Be'hagutam Shel Klayn, Vinicot Ve'Ogdan* [*Metaphors in Psychoanalysis: Reviewing the Works of Klein, Winnicott and Ogdan*] . Resling Publishing.

Kohot, H. , *Ke'itzad Merapet Ha'analiza* [*How Does Analysis Cure?*] . Am Oved Publishing.

Kornfeild, J. , 2008. *Ha'lev Ha'navon, Madrich La'ekronot Ha'universaliym Shel Ha'*psichologiya Ha'budhistit [The Wise Heart: A Guide to the Universal Teachings of Buddhist Psychology]. Modan Publishing.

Kulka, R. , 2005. *Bein Tragiyut Le'hemla* ["Between Tragedy and Compassion". In, Kohot H. 's *How Dows Analysis Heal?*]. Am Oved Publishing, pp. 13-53.

Levinger, T. V. and Solomon, Z. , 2016. *Lelo Kavanat Zadon: Post Trauma V'ashma Bekerev Mi She'garmu Mavet La'zulat* ["Without Malice: Post-trauma and Guilt Among Those Who Caused Death to Others. *Society and Welfare, 23, 2*], pp. 153-175.

Mitchell, S. A. , 2003. Hityachsutiyut: Mi'hikashrut Le'intersubyektiviut [*Relationality: From Attachment to Intersubjectivity*]. Restling Publishing.

Raz, Z. , 2014. *Ha'tipul Be'gever Ha'noheg Be'alimut: Lakoah Mishni o Ikari* ["Treating a Man Who Behaves in a Violent Manner: A Secondary or Primary Client?". In, Apter, Y. , (Ed.) *Gender-sensitive Therapy in Men: A Collection of Articles*]. Ministry of Welfare.

Real, T. , 1999. *Ani Lo Rotze Ledaber Al Ze: Ha'moreshet Ha'smuya Shel Dikaon Gavri Ve'ech Efshar Lehishtachrere Mimena* [*I Don't Want to Talk about it: Overcoming the Secret Legacy of Male Depression*]. Am Oved Publishing.

Rubin, C. , 2016. *Ha'bchira Ke'tahalich Shel Ovdan Hitpatchuti* ["Choice as a Process of Developmental Loss". *Hebrew Psychology*].

Restored from: https://www. hebpsy. net/articles. asp?id=3464

Schwartzberger, S. and Sommer, U. , 2006. *Chasifat Ha' sod: Gormim Me'odedim Ve'me'akvim Et Gilui Sod Ha'pgi'a* ["Exposing the Secret: Encouraging and Hindering Factors in Revealing the Secret of Hurt with Victims of Sexual Abuse in Little Girls. In, Seligman, Z. and Solomon, Z. (2004), *The Secret and Its Breaking: Issues in Incest*]. HaKibbutz HaMeuhad / Adler Center-Tel Aviv University.

Seligman, M. , 2005. *Osher Amiti: Hagshama Atzmit Be'emtzaut Psichologia Hiyuvit* [*Authentic Happiness: Using the New Positive Psychology to Realize Your Potential for Lasting Fulfillment*]. Modan Publishing.

Symington, J. and Symington N. , 2000. *Ha'chashiva Ha'klinit Shel Wilferd Bion* [*The Clinical Thinking of Wilfred Bion*]. Tola'at Sfarim Publishing. Title, E. , 2015. *Ha'keshel Ha'empati Ba'tipul Ha'kvutzati* [*Empathetic Failure in Group Therapy*]. *Resling Publishing*.

Vignanski, A. , Timor, A. 2014. *Siurei Haim Shel Gvarim Makim: Havnayatam She Signon Haim VeMashmaut Haim* [*Violent Men's Life Stories: The Construction of Lifestyle and Meaning*]. A Hatch into Jail no. 16, pp. 113−135.

Watzlawick, P. , Wilkind, G. and Fish, R. , 1979. *Shinu'I Ekronot Shel Yetzirat Ba'aiot Ve'pitron Ba'aiot* [*Change-Principles in Creating and Solving Problems*]. HaKibbutz HaMeuhad Publishing.

Weignansky, A. and Timor, A. , 2014. *Sipurei Chaim Shel Gvarim*

Makim: Havnayatam Shel Signon Chaim Ve'mashmaut Chaim ["Life Stories of Battering Men: Constructing Lifestyle and Meaning. *A Hatch into Jail 16*], pp. 113–135.

Weinstock, Z. , Ben Porat, A. , Bar David, D. and Raz, Z. , 2019. *Bein Nechonut Le'muchanut: Shinui Ba'tfisa Ha'migdarit Shel Ba'ayat Ha'alimut Ha'fizit Ba'yachasim Bein Bnei Zug* ["Between Willingness and Preparedness: Changing Gender Perception of Physical Violence Issue in Intimate Relationships". *Society and Welfare, 39*], pp. 633–643.

Winnicott, D. W. , 1951. *Tokpanut Ba'hityachsut Le'hitpatchut Rigshit* ["Aggression When Regarding Emotional Development". In, Berman, E. , *A False True Self (2018)*]. Am Oved Publishing.

Winnicott, D. W. , 1970. *Chaim Shel Yetziratiut* ["Life of Creativity". In, Winnicott, D. W. , 1995, *Home is Where We Start From*]. Dvir Publishing.

Wolf, M. , Haviv, Harel, N. and Shtrenfeld, M. , 2019. *Nesibot Ha'pniya* Le'tipul Ka'menabot Hatmada Ba'tochnit: Kfiya Formalit Leumat Knisa Vulentarit Ba'kehila Ha'tipulit Hartuv ["Reasons for Going to Therapy as Predictions of Program Perseverance: Formal Obligation versus Voluntary Entrance in the Hartuv Therapeutic Community", *Society and Welfare, 39*], pp. 531–557.

Yalom, I. , 2010. *Matnat Ha'terapiya, Michtav Patuach Le'dor Chadash Shel Metaplim Ve'hametupalim Shelahem* [*The Gift of Therapy: An*

Open Letter to a New Generation of Therapists and Their Patients]. Kinneret Publishing.

Yalom, I. and Leszcz, M. , 2008. *Tipul Kvutzati Teorya Ve'ma'ase* [*Theory and Practice of Group Psychotherapy*]. Kinneret Publishing.

Yasour-Borocowitz, D. , 2003. *Olamam Ha' rigshi Shel Gvarim Makim* [*The Emotional World of Battering Men*]. Resling Publishing.

Zaltzman, A. , and Baum, N. , 2014. Latet Milim Le'alimut Nashim: Tipul Kvitzati Le'tipul Be'alimut Nashim Klapei Bnei Zugan ["Giving Words to Female Violence: Group Therapy for Treating Female Violence Against Their Partners". In, Wilchic-Aviad, Y. and Maze, Y. , (Eds.), *Silent Violence: Men as Victims*]. Ariel University.